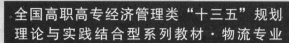

全国高职高专经济管理类"十三五"规划
理论与实践结合型系列教材·物流专业

运输管理实务

主 编 方秦盛 于 斌 刘晓燕
副主编 李 帷

中国·武汉

图书在版编目(CIP)数据

运输管理实务/方秦盛,于斌,刘晓燕主编. —武汉:华中科技大学出版社,2019.2(2021.7重印)
全国高职高专经济管理类"十三五"规划理论与实践结合型系列教材. 物流专业
ISBN 978-7-5680-5005-0

Ⅰ.①运… Ⅱ.①方… ②于… ③刘… Ⅲ.①物流-货物运输-管理-高等职业教育-教材 Ⅳ.①F252

中国版本图书馆 CIP 数据核字(2019)第 031836 号

运输管理实务
Yunshu Guanli Shiwu

方秦盛　于　斌　刘晓燕　主编

策划编辑：聂亚文　江　畅
责任编辑：赵巧玲
封面设计：孢　子
责任监印：朱　玢
出版发行：华中科技大学出版社(中国·武汉)　　电话：(027)81321913
　　　　　武汉市东湖新技术开发区华工科技园　　邮编：430223
录　　排：华中科技大学惠友文印中心
印　　刷：武汉市籍缘印刷厂
开　　本：787mm×1092mm　1/16
印　　张：11.25
字　　数：284 千字
版　　次：2021 年 7 月第 1 版第 2 次印刷
定　　价：30.00 元

本书若有印装质量问题，请向出版社营销中心调换
全国免费服务热线：400-6679-118　　竭诚为您服务
版权所有　侵权必究

目录
CONTENTS

项目一 物流运输概述 ··· 1
   模块一　物流运输认知 ······································ 2
   模块二　运输方式认知 ······································ 8

项目二 公路货物运输 ··· 17
   模块一　公路整车运输 ······································ 18
   模块二　公路零担运输 ······································ 42

项目三 铁路货物运输 ··· 57
   模块一　铁路整车运输 ······································ 58
   模块二　铁路零担运输 ······································ 82

项目四 水路货物运输 ··· 95
   模块一　班轮运输 ·· 96
   模块二　租船运输 ·· 124

项目五 航空货物运输 ··· 131
   模块一　班机运输 ·· 132
   模块二　包机运输 ·· 157

项目六 物流运输决策 ··· 163
   模块一　运输方式选择 ······································ 164
   模块二　运输合理化 ·· 167

项目一
物流运输概述

WULIU YUNSHU
GAISHU

目标与要求

最终目标：
熟悉物流运输在国民经济中的地位和各运输方式相关的特性。

促成目标：
(1) 能分析物流运输在国民经济中的地位。
(2) 能进行各运输方式相关特性的比较。

工作任务

(1) 分析物流运输在国民经济中的地位。
(2) 进行各运输方式相关特性的比较。

任务书

项目模块	工作任务	课时
模块一　物流运输认知	分析物流运输在国民经济中的地位	2
模块二　运输方式认知	进行各运输方式相关特性的比较	2

模块一　物流运输认知

学习目标

(1) 理解运输的作用、功能及原理。
(2) 熟悉运输方式的分类。
(3) 熟悉运输与物流的关系。

工作任务

分析物流运输在国民经济中的地位。

看一看

我国56个民族的人民居住在960万平方公里的土地上，南北跨度长达5500公里，东西相距也有5200公里，时差4小时以上。如此大的跨度，致使各地气候条件差异明显，蕴藏了丰富多彩的资源，生产出各种各样不同的产品，为人们越来越多样化和个性化的生活追求提供了良好的条件。那么靠什么方法或途径帮助人们实现互通有无呢？

想一想

(1) 运输主要实现物品的什么效用？运输与物流的关系是什么？
(2) 运输的方式有哪些？

一、运输的概念

运输是指物品借助于运力在空间上发生的位置移动。具体地讲,运输是指用设备和工具将物品从一地点向另一地点运送的物流活动。它是在不同地域范围内,以改变"物"的空间位置为目的的活动,对物进行"空间位移"。虽然运输过程不产生新的物质产品,但它可实现物流的"空间效用"。

二、运输的作用

(一)运输是物流系统运作的主要环节之一

按物流的概念,物流是"物"空间上的位移和时间上的推移,而运输承担了改变空间状态的主要任务,实现"物"的空间位移。

(二)运输是社会物质生产的必要条件之一

(1)在生产过程中,运输是生产的直接组成部分,它连接着生产的各个环节,没有运输,生产内部的各个环节就无法连接。

(2)在社会生产过程中,运输连接着生产与再生产,生产与消费的环节,连接着国民经济各部门、各企业,连接着城乡、不同国家和地区。

(三)运输可以创造"场所效用"

通过运输,将"物"运到场所效用最高的地方,就能发挥"物"的潜力,实现资源的优化配置,最大限度提高产品的价值。

(四)运输是"第三利润源"的主要源泉

运输是运动中的活动,运动过程要消耗大量的动力,运费在全部物流费中占最高比例,接近50%,故运费节约的潜力很大。

三、运输的功能

(一)产品的转移

运输的主要目的就是以最短的时间、最低的成本将物品转移到规定地点。运输的主要功能就是产品在价值链中实现位移,创造空间效用。无论产品处于哪种形式,是材料、零部件、装配件、在制品还是制成品,运输都是必不可少的。

(二)产品的储存

产品的储存就是将运输车辆临时作为储存设施,它是一个不太寻常的运输功能。

(1)如果转移中的产品需要储存,且在短时间内又将重新转移,而卸货和装货的成本费用也许会超过储存在运输工具中的费用,这时,可将运输工具作为暂时的储存场所。

(2)在起始地或目的地仓库储存能力有限的情况下,将货物装上运输工具,采用迂回线路运往目的地。

> **小贴士**
>
> 用运输工具储存货物可能是昂贵的,但如果综合考虑总成本,包括运输途中的装卸成本、储存能力的限制、装卸的损耗或延长时间等,那么,选择运输工具做短时储存往往是合理的,有时甚至是必要的。

四、运输的原理

(一)规模经济

运输规模经济的特点是随着装运规模的增长使单位重量的运输成本降低。运输规模经济的存在是因为转移一票货物有关的固定费用可以按整票货物量分摊。另外,提高规模运输还可以获得运价折扣,也使单位货物的运输成本下降。规模经济使得货物的批量运输显得合理。

(二)距离经济

距离经济是指单位距离的运输成本随距离的增加而减少。运输的距离经济也指递减原理,因为费率或费用随距离的增加而减少。距离经济的合理性类似于规模经济,尤其体现在运输装卸费用的分摊上。

五、运输方式的分类

(一)按运输设备及运输工具分类

运输方式按运输设备及运输工具分类(见图1-1)可分为以下几种。

(1)铁路运输。
(2)公路运输。
(3)水路运输。
(4)航空运输。
(5)管道运输。

图1-1　运输方式按运输设备及运输工具分类

(二)按运输的范围分类

运输方式按运输的范围分类可分为以下几种。

1. 干线运输

这是利用铁路、公路的干线,大型船舶的固定航线进行的长距离、大数量的运输,是进行远距离空间位置转移的重要运输形式。

2. 支线运输

这是与干线相接的分支线路上的运输。

3. 二次运输

这是一种补充性的运输形式,指的是干线、支线运输到站后,站与用户仓库或指定地点之间的运输。

4. 厂内运输

在工业企业范围内,直接为生产过程服务的运输。但一般情况下,在工业企业范围内,厂内运输属于搬运的范畴,而非运输。

(三)按运输的协作程度分类

1. 一般运输

孤立地采用不同的运输工具或同类运输工具而没有形成有机协作关系的为一般运输。如汽车运输、火车运输等。

2. 联合运输

联合运输简称联运,它是将两种或两种以上运输方式或运输工具连起来,实行多环节、多区段相互衔接的接力式运输。

3. 多式联运

多式联运是联合运输的一种现代形式,是进行复杂的不同运输方式的衔接,并具有联合运输的优势。

(四)按运输中途是否换载分类

1. 直达运输

直达运输是指利用一种运输工具从起运站、港一直到到达站、港,中途不经换载,中途不入库储存的运输形式。

2. 中转运输

在组织货物运输时,在货物运往目的地的过程中,在途中的车站、港口、仓库进行转运换装,称为中转运输。

(五)按运输过程有无运输媒介分类

1. 散装运输

散装运输(见图1-2)是指产品不带包装的运输,是用专用设备将产品直接由生产厂方送至用户使用的运输方式。

2. 托盘运输

托盘运输(见图1-3)是指货物按一定的要求组装在一个标准托盘上组合成为一个运输单位

图 1-2 散装运输

的一种运输方式。

图 1-3 托盘运输

3.集装箱运输

集装箱运输(见图 1-4)是指利用集装箱运输货物的方式,是一种既方便又灵活的运输措施。

图 1-4 集装箱运输

六、运输与物流的关系

物流是物品从供应地向接收地的实体流动过程。根据实际需要,将运输、储存、搬运、包装、流通加工、配送和信息处理等基本功能实施有机结合。

(一)运输与物流的联系

1.运输是物流系统的基础功能之一

物流系统是通过运输来完成对客户所需的原材料、半成品和制成品的地理定位的。

2. 运输合理化是物流系统合理化的关键

运输是物流各功能的基础与核心,直接影响着物流系统,只有运输合理化,才能使物流结构更加合理,总体功能更优。因此运输合理化是物流系统合理化的关键。

3. 运输影响着物流的其他构成因素

1) 运输与包装的关系

(1) 货物的包装材料、包装规格、包装方法等都不同程度地影响着物流运输。

(2) 不同的运输方式决定货物的包装要求。

2) 运输与储存的关系

货物的运输会给储存带来重大的影响。运输活动组织不善或运输工具不得力,就会无端增大货物储存量,而且还会造成货物损耗增大。

3) 运输与装卸的关系

(1) 物流运输活动必然伴随着装卸活动。

(2) 装卸质量的好坏,将对物流运输产生巨大的影响。

(3) 装卸还是各种运输方式的衔接手段。

4) 运输与配送的关系

将货物大批量、长距离地从生产工厂直接送达客户或配送中心称为运输;货物再从配送中心就近发送到地区内各客户手中称为配送。运输与配送的关系见表1-1。

表1-1 运输与配送的关系

运 输	配 送
长距离大量货物的移动	短距离少量货物的移动
物流据点间的移动	企业送交客户
地区间货物的移动	地区内部货物的移动
一次向一地单独运送	一次向多处运送,每处只获少量货物
可用不同运输方式	一般用汽车

(二) 物流与运输的区别

1. 物流是超出运输范畴的系统化管理

物流管理系统的建立和运转,是以服务于生产、流通、消费过程的全部过程为出发点的。物流系统根据生产企业的供应渠道和生产过程以及销售渠道,从生产和流通企业中取得的价值远远大于运输的收益。

2. 物流不同于运输只注重实物的流动,它还同时关注着信息流和增值流的同步联动

信息流不仅通过电子或纸质媒介反映产品的运送、收取,更重要的是反映市场做出的物流质量的评价。增值流是指物流所创造的形态效用(通过生产、制造或组装过程实现商品的增值)、空间效用(原材料、半成品或成品从供方到需方的位置转移)和时间效用(商品或服务在客户需要的时间里准确、准时送到)。

3. 物流的出发点是以生产和流通企业的利益为中心

运输只是物流管理控制的必要环节,永远处于从属地位。有物流必然有运输,而再完善的运输也不是物流。

4. 物流的管理观念比运输更先进

现代物流对用户追求高质量无极限的服务，一切以满足用户的需要为服务目标，主动开展物流市场调查、市场预测，并积极做好推销、宣传工作，而且在不断改进服务质量的附加工作中，寻求与发现新的服务项目或服务产品，为企业带来更多的商机和更高的回报。因此，从服务理念上来说，物流也突破了运输的服务理念，再高质量的运输也不可能具备服务的延伸性，因而获取的附加值也远大于运输的回报。

5. 物流比运输更重视先进技术的应用

因为现代物流追求的是服务质量的不断提高，物流系统综合功能的不断完善，总成本的不断降低和服务的网络化、规模化，因此，建立GPS(全球卫星定位系统)对物流的全过程进行适时监控、适时货物跟踪和适时调度是很有必要的。为了与用户特别是与长期合作的主要用户保持密切联系，建立EDI(电子数据交换系统)也是现代物流向专业化方向发展的必备条件；而自动装卸机械、自动化立体仓库、自动堆垛机和先进适用的信息系统更是现代物流朝着专业化、一体化、规模化、网络化发展的必然趋势，这些是无论怎样完善的运输都无法相比的。

(1)通过网络或书刊查阅相关资料分析物流运输在国民经济中的地位。

(2)将班级分成若干组，每组5～6人，由组长对成员进行分工，各小组将收集的资料形成PPT，每组安排一个成员对PPT进行讲解。

模块二　运输方式认知

(1)理解各种运输方式的特点及适用范围。
(2)掌握各种运输方式的相关特性。

进行各种运输方式相关特性的比较。

用数字(1、2、3、4)排序方法，衡量公路、铁路、水路、航空各种运输方式相关特性的优劣。数字由小到大，表示各种运输方式相关特性由劣到优(见表1-2)。

表1-2　各种运输方式相关特性的优劣比较

特性 \ 运输工具	公路运输	铁路运输	水路运输	航空运输
灵活性				
运量				

续表

特性 \ 运输工具	公路运输	铁路运输	水路运输	航空运输
运价				
速度				
能耗				
投资				
劳动生产率				

一、公路运输

公路运输是指主要使用汽车,也使用其他车辆(拖拉机、人力车、畜力车等)在公路上进行货物运输的一种方式。它是我国货物运输的主要方式,在我国货运中所占的比重最大。

(一)公路运输的特点

1.公路运输的优点

1)机动灵活,适应性强

由于公路运输网一般比铁路、水路网的密度要大十几倍,分布面广,因此公路运输车辆可以"无处不到、无时不有"。公路运输在时间方面的机动性也比较大,车辆可随时调度、装运,各环节之间的衔接时间较短。尤其是公路运输对客、货运量的多少具有很强的适应性,汽车的载重吨位有小(0.25~1 吨)有大(200~300 吨),既可以单个车辆独立运输,也可以由若干车辆组成车队同时运输,这一点对抢险、救灾工作和军事运输具有特别重要的意义。

2)可实现"门到门"直达运输

由于汽车体积较小,中途一般也不需要换装,除了可沿分布较广的路网运行外,还可离开路网深入工厂企业、农村田间、城市居民住宅等地,即可以把货物从始发地门口直接运送到目的地门口,实现"门到门"直达运输。这是其他运输方式无法与公路运输相比的特点之一。

3)在中、短途运输中,运送速度较快

在中、短途运输中,由于公路运输可以实现"门到门"直达运输,中途不需要倒运、转乘就可以直接将货物运达目的地,因此,与其他运输方式相比,其货物在途时间较短,运送速度较快。国外资料显示,中短途运输中,汽车的平均速度比铁路快 4~6 倍,比水路快 10 倍。

4)原始投资少,资金周转快

公路运输与铁路、水路、航空运输方式相比,所需固定设施简单,车辆购置费用一般也比较低,因此,投资兴办容易,投资回收期短。据有关资料表明,在正常经营情况下,公路运输的投资每年可周转 1~3 次,而铁路运输则需要 3~4 年才能周转一次。

5)掌握车辆驾驶技术较易

与火车司机或飞机驾驶员的培训要求来说,汽车驾驶技术比较容易掌握,对驾驶员的各方面素质要求相对也比较低。培训汽车驾驶员一般只需几个月的时间,而培训火车、轮船、飞机驾驶员则需要好几年的时间。

2.公路运输的缺点

1)运输能力小

汽车的载重量是所有运输工具中最小的,每辆普通载重汽车每次只能运送5吨货物,不适合大批量货物的运输,而且由于汽车体积小,无法运送大件货物。

2)运输成本较高

公路运输的成本分别是铁路运输成本的11.1～17.5倍、沿海运输成本的27.7～43.6倍、管道运输成本的13.7～21.5倍,但比民航运输成本低,只有民航运输成本的6.1%～9.6%。

3)运输能耗高

公路运输能耗分别是铁路运输能耗的10.6～15.1倍、沿海运输能耗的11.2～15.9倍、内河运输的11.3～19.1倍、管道运输能耗的4.8～6.9倍,但比民航运输能耗低,只有民航运输能耗的6%～8%。

4)劳动生产率低

公路运输劳动生产率分别是铁路运输劳动生产率的10.6%、沿海运输劳动生产率的1.5%、内河运输劳动生产率的7.5%,但比民航运输劳动生产率高,是民航运输劳动生产率的3倍。

5)安全性较低,污染环境较大

据历史记载,自汽车诞生以来,已经有3000多万人丧生于汽车,特别是20世纪90年代开始,死于汽车交通事故的人数急剧增加,平均每年达50多万。这个数字超过了艾滋病、战争和结核病人每年的死亡人数。在路况较差的运输过程中货物受震动较大,容易造成货损货差事故。汽车所排出的尾气和引起的噪声也严重地威胁着人类的健康,是大城市环境污染的最大污染源之一。

(二)公路运输的适用范围

公路运输比较适宜在内陆地区运输中短途货物,可以与铁路、水路联运,为铁路、港口集疏运物资,也可以深入山区及偏僻的农村进行货物运输,在远离铁路、水路的区域从事干线运输。

二、铁路运输

铁路运输是指利用机车、车辆等技术设备沿铺设轨道运行的运输方式,是目前我国货物运输的主要方式之一。

(一)铁路运输的特点

1.铁路运输的优点

1)运行速度快

平均车速排第二,时速一般在80～120公里,2004年4月零时提速,提速区最高速度可达160千米/时,第六次提速后速度可达200千米/时,国外高速铁路的速度已经超过300千米/时。

2)运输能力大

一般一列货车可装2000～3500吨货物,重载列车可装20 000多吨货物;单线单向年最大货物运输能力达1800万吨,复线达5500万吨;运行组织较好的国家,单线单向年最大货物运输能力达4000万吨,复线单向年最大货物运输能力超过1亿吨。

3)准确性和连续性强

铁路运输受自然条件限制较小,几乎不受气候影响(除特大的台风及霜雪天气),一年四季可以不分昼夜地进行定期的、有规律的、准确的运转。

4)运输成本较低

我国铁路运输成本分别是汽车运输成本的1/17～1/11,民航运输成本的1/267～1/97。

5)能耗较低

每千吨公里耗标准燃料为汽车运输的1/15～1/11,为民航运输的1/174,但是这两种指标都高于沿海运输和内河运输。

2.铁路运输的缺点

(1)投资大。单线铁路每公里造价为100万元至300万元,复线造价为400万元至500万元。

(2)建设周期长。一条干线要建设5～10年,而且,占地太多,随着人口的增长,将给社会增加更多的负担。

(3)货损较高。铁路行驶时振幅比较大,容易造成货物损坏,且中转站较多,货物遗失率较大。据统计,美国铁路运输的货损比例高达3%。

(4)营运缺乏弹性。缺乏灵活性,不能为货源而改变路线,往往会有空车返回的现象,导致营运成本增加。

(5)近距离运输费用高。

(二)铁路运输的适用范围

铁路运输适于内陆地区大宗低值货物的中、长距离运输,也较适合散装货物(如煤炭、金属、矿石、谷物等)和罐装货物(如化工产品、石油产品等)的运输。

三、水路运输

水路运输又称为船舶运输,它是利用船舶运载工具在水路上的运输,简称水运。水路运输既是一种古老的运输方式,又是一种现代化的运输方式,特别是海上运输的独特地位,几乎不可能被其他运输方式所取代。

(一)水路运输的特点

1.水路运输的优点

1)运输能力大

在五种运输方式中,水路运输能力最大,在长江干线,一支拖驳船队或顶推船队的载运能力已超过万吨,国外最大的顶推船队的载运能力达3万～4万吨,超巨型油船的载重55万吨,矿石船载重量达35万吨,集装箱船达7万吨。

2)运输成本低

我国沿海运输成本只有铁路的40%,美国沿海运输成本只有铁路运输的1/8,长江干线运输成本只有铁路运输的84%,而美国密西西比河干流的运输成本只有铁路运输的1/4～1/3。

3)建设投资省

水路运输只需利用江河湖海等自然水利资源,除必须投资购买船舶、建设港口之外,沿海航道几乎不需要投资,整治航道也仅仅只有铁路建设费用的1/5～1/3。

4）劳动生产率高

沿海运输劳动生产率是铁路运输的 6.4 倍，长江干线运输劳动生产率是铁路运输的 1.26 倍。

5）平均运距长

水陆运输平均运距分别是铁路运输的 2.3 倍，公路运输的 59 倍，管道运输的 2.7 倍，民航运输的 68%。

2. 水路运输的缺点

（1）受自然条件影响较大，内河航道和某些港口受季节影响较大，冬季结冰，枯水期水位变低，难以保证全年通航。

（2）运送速度慢。

（3）安全性和准时性较差。

（4）装卸搬运成本较高。

（二）水路运输的适用范围

水路运输综合优势较为突出，适宜于运距长、运量大、时间性不太强的各种大宗物资的运输。

四、航空运输

航空运输是指在具有航空线路和航空港的条件下，利用各种航空器进行货物运输的一种运输方式。目前使用的最主要的航空器是飞机，所以又称飞机运输。

（一）航空运输的特点

1. 航空运输的优点

1）运行速度快

到目前为止，飞机仍然是最快捷的交通工具，常见的喷气式飞机的经济巡航速度大都在每小时 850～900 公里，比火车快 5～10 倍，比海轮快 20～25 倍。

2）直达机动性能好

空中受自然地理条件限制较少，航线一般采用两点间的最短距离，几乎可以飞越各种天然障碍，可以到达其他运输方式难以到达的地方。尤其对灾区的救援、供应、边远地区的急救等紧急任务，航空运输已成为必不可少的手段。

3）安全性能高

随着科技的进步，飞机不断进行技术革新，使其安全性能增加，事故率较低。采用航空运输的货物本身价值较高，航空运输的地面操作流程环节比较严格，管理制度比较完善，这就使货物破损率很低，安全性较好。

4）运输货物包装要求低，节省包装费用

由于飞机运输对货物产生的震动和冲击力较小，货物只需简单包装即可，减少了包装的费用。

5）基本建设周期短、投资小

要发展航空运输，从设备条件上来讲，只要添置飞机和修建机场。这与修建铁路和公路相比，一般来说建设周期短、占地少、投资省、收效快。据计算，在相距 1000 公里的两个城市间建立交通线,若载客能力相同,修筑铁路的投资是开辟航线的1.6倍,开辟航线只需2年。

2.航空运输的缺点

1)运输能力小

大型宽体飞机的业务载重能力不足100吨。

2)运输成本高

在各种运输方式中,航空运输的成本是最高的。

3)能耗大

在各种运输方式中,航空运输单位里程的能耗是最大的。

4)受气候条件影响较大

因飞行条件要求较高,航空运输在一定程度上受到气候条件的影响,从而在一定程度上影响运输的准点性与正常性。

5)可达性差

通常情况下,航空运输难以实现"门到门"的运输,必须借助其他运输工具(主要为汽车)进行转运。

(二)航空运输的适用范围

航空运输主要适用于时间性强的鲜活易腐物质、体积小价值高、邮政快件以及紧急物资的中长距离运输。

根据任务进行各种运输方式相关特性的优劣比较(见表1-3)。

表1-3 各种运输方式相关特性的优劣比较

特性 \ 运输工具	公路运输	铁路运输	水路运输	航空运输
灵活性				
运量				
运价				
速度				
能耗				
投资				
劳动生产率				

勤思考

一、单项选择题

1.随着一次装运量的增大,每单位重量的运输成本下降的原理是（　　）。
A.规模原理　　　B.距离原理　　　C.速度原理　　　D.经济原理

2.关于运输表述错误的是（　　）。
A.运输通过创造"空间效用"和"时间效用"来提高货物的价值

B. 每单位运输距离的成本随着运输距离的增加而减少
C. 利用运输工具对货物进行临时储存是一项权宜之计
D. 随着运输工具装载规模的增长,每单位载重量运输成本下降

3. 运输需求与其他商品需求相比,它是一种(　　)需求。
  A. 本质　　　　　　B. 原本　　　　　　C. 派生　　　　　　D. 平衡

4. 运输产品的生产过程和消费过程是(　　)。
  A. 在时间上是分离的　　　　　　B. 在空间上是分离的
  C. 互不相干的　　　　　　　　　D. 合二为一的

5. 干线运输主要承担的货运是(　　)。
  A. 远距离、大批量　　　　　　　B. 近距离、大批量
  C. 近距离、小批量　　　　　　　D. 远距离、小批量

6. 运输的过程是实现(　　)改变的过程。
  A. 时间价值　　　　B. 形质效应　　　　C. 时间位移　　　　D. 空间位移

7. 缅甸出产的楠木从山上经由运输工具运到大城市而提高其价格,这体现了运输的(　　)。
  A. 空间效用　　　　B. 非储存性　　　　C. 距离经济　　　　D. 规模经济

8. 二次运输主要承担的货运是(　　)。
  A. 远距离、大批量　　　　　　　B. 近距离、大批量
  C. 近距离、小批量　　　　　　　D. 远距离、小批量

二、多项选择题

1. 物流系统可以创造(　　)。
  A. 空间效用　　　　B. 货币效用　　　　C. 时间效用　　　　D. 形态效用

2. 在物流活动过程中,运输提供的主要功能是(　　)。
  A. 物品加工　　　　B. 产品移动　　　　C. 产品储存　　　　D. 信息服务

3. 指导运输管理和运营的基本原理是(　　)。
  A. 规模经济　　　　B. 批量经济　　　　C. 服务经济　　　　D. 距离经济

4. 按照运输范围划分,运输可以分为(　　)。
  A. 干线运输　　　　B. 支线运输　　　　C. 二次运输　　　　D. 厂内运输

三、判断题

1. 按照运输工具的不同,运输方式可以分为公路运输、铁路运输、水路运输、航空运输和管道运输。(　　)
2. 运输的过程不产生新的产品,但可以创造时间和空间效益。(　　)
3. 运输是在不改变劳动对象原有属性或形态的要求下,实现劳动对象的空间位移。(　　)
4. 运输生产是为社会提供效用而不产生实物形态的产品,属于服务性生产。(　　)
5. 运输的主要职能是以最少的时间将货物从原产地转移到目的地。(　　)
6. 因运输活动会必然伴随着装卸搬运活动,故装卸搬运费用由承运人承担。(　　)
7. 不论运输量如何变化,运输成本中固定成本是一成不变的。(　　)
8. 运输工具的运输能力越大,则其单位重量的运输费用越低。(　　)
9. 交通运输市场的自由竞争可有效地减少运输资源的浪费现象。(　　)

四、问答题
1. 简述运输的作用、功能及原理。
2. 简述运输与物流的关系。
3. 简述运输方式的分类。
4. 简述运输市场的特征。

项目二
公路货物运输

GONGLU HUOWU YUNSHU

目标与要求

最终目标：

能组织公路的货物运输。

促成目标：

(1)能组织公路货物的整车运输。

(2)能组织公路货物的零担运输。

工作任务

(1)组织公路货物整车运输。

(2)组织公路货物零担运输。

任务书

项目模块	工作任务	课时
模块一　公路整车运输	1.计算公路整车运输费用	8
	2.填制公路整车运输单据	
	3.分析总结公路整车运输组织流程	
	4.情景模拟公路整车运输过程	
模块二　公路零担运输	1.计算零担运输费用	8
	2.填制零担运输单据	
	3.分析总结公路零担运输组织流程	
	4.情景模拟公路零担运输过程	

模块一　公路整车运输

学习目标

(1)熟悉公路货物整车运输的组织形式。

(2)熟悉公路整车运输的组织流程。

(3)能准确填制公路整车运输的单据。

(4)能准确计算公路整车运输的费用。

(5)能情景模拟整车运输的过程。

工作任务

(1)分析总结公路整车运输的组织流程。

(2)计算公路整车运输的费用。

(3)填制公路整车运输的单据。
(4)情景模拟公路整车运输的过程。

2011年3月2日南京A食品公司(南京中山路26号)向B物流公司(南京建业路18号)托运了一批苏打饼干(普通三级货物),要求从南京运往无锡,该批货物有500箱,每箱10公斤,总重5吨,总体积为25立方米,价值8万元,托运人采用保价运输(按5‰计收),根据要求需要使用一辆8吨的厢式车,由承运人负责装卸(装卸费率为6元/吨),并且经双方协定按照运价的50%收取返程空驶调车费,收货单位为无锡家乐福(无锡清扬路158号)。其他要求:上门取货,送货上门,付款为签回单付,起运时间为2011年3月5日10点,到达时间为2011年3月5日13点。里程352公里,吨次费为4元/吨,基本运价率为0.36元/吨公里。

要完成该任务可采取公路的何种运输方式?如何计算费用?单据怎么填制?应该如何组织?

讲一讲

一、公路运输技术设备与设施

(一)运输车辆

1.车头形式

(1)平头式车头(见图2-1):视线好,转弯半径小,司机不太舒服,不安全。
(2)长头式车头(见图2-2):舒适感较好,安全,转弯半径大。

图2-1　平头式车头

图2-2　长头式车头

2.车厢结构

(1)厢式车(见图2-3)。
(2)平板车(见图2-4)。
(3)敞车(见图2-5)。
(4)罐车(见图2-6)。

(5)自卸车(见图2-7)。
(6)仓栅车(见图2-8)。

图2-3 厢式车

图2-4 平板车

图2-5 敞车

图2-6 罐车

图2-7 自卸车

图2-8 仓栅车

3. 最大总质量(GA)

(1)微型货车(见图2-9):GA≤1.8 吨。
(2)轻型货车(见图2-10):1.8 吨<GA≤6 吨。
(3)中型货车(见图2-11):6.0 吨<GA≤14 吨。
(4)重型货车(见图2-12):GA>14 吨。

图2-9 微型货车

图2-10 轻型货车

图2-11 中型货车

图2-12 重型货车

(二)公路

公路是指连接城市、乡村,主要供汽车行驶的具备一定技术条件和设施的道路。公路是一种线形工程构造物,主要由路基、路面(见图2-13)、桥梁(见图2-14)、涵洞(见图2-15)、隧道(见图2-16)和其他辅助建筑物(见图2-17至图2-21)构成。

图2-13 路基、路面

图2-14 桥梁

1. 按行政等级划分

1)国道

国道是指具有全国性政治、经济意义的主要干线公路,包括重要的国际公路,国防公路,连接首都与各省、自治区、直辖市首府的公路,连接各大经济中心、港站枢纽、商品生产基地和战略要地的公路。国道中跨省的高速公路由交通部批准的专门机构负责修建、养护和管理。

2)省道

省道是指具有全省(自治区、直辖市)政治、经济意义,并由省(自治区、直辖市)公路主管部门负责修建、养护和管理的公路干线。

图 2-15 涵洞

图 2-16 隧道

图 2-17 护栏

图 2-18 挡土墙

图 2-19 边沟

图 2-20 截水沟

图 2-21 急流槽

3）县道

县道是指具有全县（县级市）政治、经济意义，连接县城和县内主要乡（镇）、主要商品生产和集散地的公路，以及不属于国道、省道的县与县之间的公路。县道由县、市公路主管部门负责修建、养护和管理。

4）乡道

乡道是指主要为乡（镇）村经济、文化、行政服务的公路，以及不属于县道以上公路的乡与乡之间及乡与外部联络的公路。乡道由人民政府负责修建、养护和管理。

5）专用公路

专用公路是指专供或主要供厂矿、林区、农场、油田、旅游区、军事要地等与外部联系的公路。专用公路由专用单位负责修建、养护和管理。也可委托当地公路部门修建、养护和管理。

2．按功能和适应的交通量划分

1）高速公路

高速公路是指具有特别重要的政治、经济意义的城际的、专供汽车分道高速行驶，并全部控制出入的全封闭的公路。

2）一级公路

一级公路是指连接重要政治、经济中心，通往重点工矿区、港口、机场，专供汽车分道行驶并部分控制出入的公路。

3）二级公路

二级公路是指连接政治、经济中心或大工矿区、港口、机场等地的专供汽车行驶的公路。

4）三级公路

三级公路是指沟通县以上城市的公路。

5）四级公路

四级公路是指沟通县、乡（镇）、村等的公路。

 小贴士

公路分级见表2-1。

表2-1 公路分级

等级	高速	一级	二级	三级	四级
AADT/(辆/天)	大于25 000	10 000～25 000	2000～7000	200～2000	200以下
标准车	小客车	小客车	中型货车	中型货车	中型货车
出入口控制	完全控制	部分控制			
设计年限/年	20	20	15	10	10

注：AADT为标准车的年平均日交通量。

各级公路计算行车速度见表2-2。

表2-2 各级公路计算行车速度/(km/h)

公路等级	高速公路			一级公路		二级公路		三级公路		四级公路	
地形	平原微丘	重丘	山岭	平原微丘	山岭重丘	平原微丘	山岭重丘	平原微丘	山岭重丘	平原微丘	山岭重丘
计算行车速度/(km/h)	120	100	80	100	60	80	40	60	30	40	20

在上述各等级公路组成的公路网中，高速公路及汽车专用一、二级公路在公路运输中的地位和作用相当重要。

(三)货运站

货运站是专门办理货物运输业务的汽车站,一般设在公路货物集散点。货运站可分为集运站(或集送站)、分装站和中继站等几类。

1. 货运站的任务与职能

货运站的主要工作是组织货源、受理托运、理货、编制货车运行作业计划,以及车辆的调度、检查、加油、维修等。汽车货运站的职能,包括下列几个方面。

(1)调查并组织货源,签订有关运输合同。

(2)组织日常的货运业务工作。

(3)做好运行管理工作。运行管理的核心是做好货运车辆的管理,保证各线路车辆正常运行。

2. 汽车货运站的分类

1)整车货运站

整车货运站主要经办大批货物运输,也有的站兼营小批货物运输。

2)零担货运站

专门办理零担货物运输业务,进行零担货物作业、中转换装、仓储保管的营业场所。

3)集装箱货运站

集装箱货运站主要承担集装箱的中转运输任务,所以又称集装箱中转站。

3. 汽车货运站的分级

1)零担站的站级划分

根据零担站年货物吞吐量,将零担站划分为一、二、三级。年货物吞吐量在6万吨以上者为一级站;年货物吞吐量在2万吨及以上,但不足6万吨者为二级站;年货物吞吐量在2万吨以下者为三级站。

2)集装箱货运站的站级划分

根据年运输量、地理位置和交通条件的不同,集装箱货运站可分为四级。年运输量是指计划年度内通过货运站运输的集装箱量总称。一级站年运输量为3万标准箱以上;二级站年运输量为1.6万~3万标准箱;三级站年运输量为0.8万~1.6万标准箱;四级站年运输量为0.4万~0.8万标准箱。

(四)道路交通控制设施

1. 交通标志

交通标志是指用图形符号和文字传递特定信息,用以指挥和管理交通的安全设施,可分为管制、警告、引导和信息四种。

1)管制标志

管制标志(见图2-22)为强迫执行标志,它所包含的内容要求驾驶员必须遵守,包括限速、不准停车、不准转弯等。我国交通标志规定圆形代表管制,采用白底、红圈、红杠、黑图案。

2)警告标志

警告标志(见图2-23)是为了唤起驾驶员对前方道路或交通条件的注意,包括陡坡、急转弯、铁路平交等。我国交通标志规定等边三角形(顶角朝上)表示警告,采用黄底、黑边、黑图案。

图 2-22 管制标志

图 2-23 警告标志

3)引导标志

引导标志(见图 2-24)是向驾驶员提供行驶的方向,主要有绕道标志、目的地和距离标志等。我国交通标志规定圆形、长方形和正方形表示引导,采用蓝底白色图案。

4)信息标志

信息标志(见图 2-25)是为驾驶员提供一些服务信息,如加油站、服务区、风景点等。我国交通标志规定长方形和正方形表示信息,采用蓝底白图案。

2.道路交通标线

道路交通标线(见图 2-26)是由路面上的各种标线、箭头、文字、立面标记、突出路标和路边线轮廓标等所构成的交通安全设施,可以单独使用或与标志配合使用。道路交通标线可以用涂料漆画,颜色有白色和黄色两种。白色一般用于车辆准许超越的标线,黄色表示具有交通管制

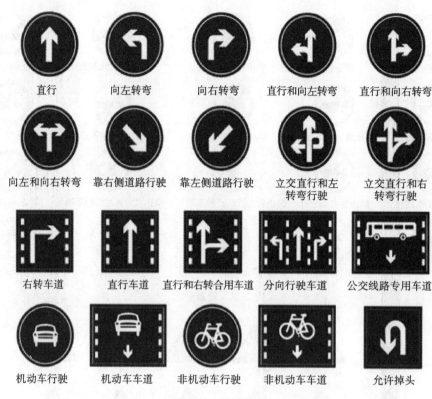

图 2-24 引导标志

图 2-25 信息标志

或必须强迫执行的标线，也可以由固定栏杆组成，主要用于引导车辆行驶方向或实施交通管制。

3. 道路交通信号

道路交通信号是为控制和引导交通流，保障交通安全畅通而发出的通行、停止或停靠的具有法律效力的信息。信号灯为红、黄、绿三种色灯，分为指挥灯信号、车道灯信号、人行横道灯信号、交通指挥棒信号和手势信号等五种。

4. 交通隔离设施

在城市道路的对向车道之间，车行道和人行道之间或者机动车道和非机动车道之间，以及高等级公路的对向车道之间，设置隔离设施，以防止车辆或行人越界，保证行车和行人安全。交通隔离设施（见图 2-27）有临时性和永久性两种。

临时性隔离设施可由便于装卸和搬运的移动式墩座、链条和栏杆组成，设在临时需要分隔

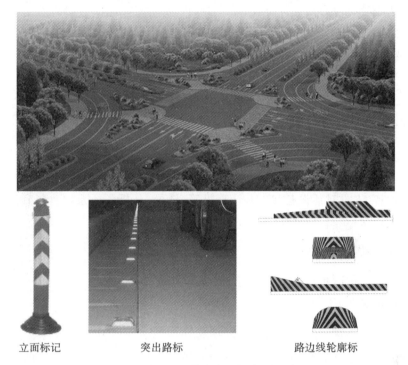

| 立面标记 | 突出路标 | 路边线轮廓标 |

图 2-26　道路交通标线图

图 2-27　交通隔离设施图

开车辆或车辆和行人的地点。永久性隔离设施采用铁隔栅、钢管护栏、波纹钢板护栏、混凝土墩座和链条等。固定在分隔线位置上，长期使用。有些永久性隔离设施还种植了绿化带，用以美化环境，并可防止夜间行车时对向车辆的灯光直接照射。

5. 交通监控系统

交通监控系统是一个监视和收集交通和道路状况的信息并进行集中处理的综合系统，通常设置在城市道路交通繁忙、事故多发地段，以及高速公路的全线或部分路段上。一般由以下几个子系统组成。

1) 信息收集和处理子系统

设置车辆检测器，收集交通流量、车速、车辆通过时间等信号，将它们传送到交通指挥控制中心，并进行分析和处理。

2) 道路情报子系统

设置可变情报显示板，为驾驶员提供道路情报，如交通情况、交通限制信息、天气情况等。

3)紧急电话子系统

在高速公路沿线每隔 2 千米左右,设置一对紧急电话分机,以供驾驶员向公路管理机构报告事故、故障或求援等。

4)闭路电视子系统

在道路交通繁忙和易发生交通事故的路段上安置摄像机,所收集的信息直接反映到交通指挥控制中心的电视监视器上,供管理人员分析和指挥使用。

5)通信子系统

通信子系统由勤务电话、无线电话、无线对讲机及通信传输等部分组成。

6)控制中心系统

通过传输设备、人机对话设备和中心计算机等,记录、分析各子系统收集到的信息,向各子系统发布指示或指令,控制道路沿线有关设备工作。

二、公路运输货物的分类

按货物运输条件可以将货物分为普通货物和特种货物。

(一)普通货物

普通货物是指在运输、配送、保管及装卸作业过程中,不必采用特殊方式或手段进行特别防护的货物。普通货物分为一等、二等、三等三个等级。

(二)特种货物

特种货物是指在运输、配送、保管及装卸作业过程中,具有特殊要求的货物。特种货物在运输等作业过程中必须采取特别措施、特殊工艺。所以承运方必须具备相应的特殊设施、设备、工具、工艺方法,以确保货物的安全。特种货物又可分为危险货物、大件货物、鲜活易腐货物和贵重货物。

1. 危险货物

危险货物是指具有爆炸、易燃、毒害、腐蚀、放射性等性质,在运输、装卸和储存保管过程中,容易造成人身伤亡和财产损失而需要特别防护的货物。危险货物有三层含义。

(1)具有爆炸、易燃、毒害、腐蚀、放射性等性质。这是危险货物能造成火灾、中毒、灼伤、辐射伤害与污染等事故的基本条件。

(2)容易造成人身伤亡和财产损毁。这是危险货物在运输、装卸和储存保管过程中,在一定外界因素作用下,比如受热、明火、摩擦、震动、撞击、撒漏以及与性质相抵触的物品接触等,发生化学变化所产生的危险效应,不仅使货物本身遭到损失,而且危及人身安全和破坏周围环境。

(3)需要特别防护。主要指必须针对各类危险货物本身的物理化学特性所采取的"特别"防护措施,如对某种爆炸品必须添加抑制剂、对有机过氧化物必须控制环境温度等,这是危险货物安全运输的先决条件。

因此,上述三项要素必须同时具备的货物方可称为危险货物。

2. 大件货物

(1)长大货物:凡整件货物长度在 6 米以上,宽度超过 2.5 米,高度超过 2.7 米时,称为长大货物,如大型钢梁、起吊设备等。

(2)笨重货物:货物单件重量在 4 吨以上(不含 4 吨),称为笨重货物,如锅炉、大型变压器等。

3. 鲜活易腐货物

鲜活易腐货物是指在运输过程中需要采取一定措施，以防止死亡和腐烂变质的货物。公路运输的鲜活易腐货物主要有鲜鱼虾、鲜肉、瓜果、蔬菜、牲畜、观赏野生动物、花木秧苗、蜜蜂等。

4. 贵重物品

贵重物品是指价格昂贵、运输责任重大的货物。贵重物品主要包括：黄金、白金、铱、铑、钯等稀有贵重金属及其制品；各类宝石、玉器、钻石、珍珠及其制品；珍贵文物（包括书、画、古玩等）；贵重药品；高级精密机械及仪表；高级光学玻璃及其制品；现钞、有价证券以及毛重每公斤价值在人民币 2000 元以上的物品。

三、整车运输

(一)整车运输的概念

整车运输是指托运人一批托运的货物在 3 吨以上（包括 3 吨），或虽不足 3 吨但其性质、体积、形状需要一辆 3 吨以上的汽车运输的运输业务。

(二)整车运输的组织形式

1. 多（或双）班运输

多班运输，是指在昼夜时间内的车辆工作超时一个班以上的货运形式。组织双班运输的基本方法是每辆汽车配备 2~3 名的驾驶员，分日、夜两班轮流行驶。它也是提高车辆生产率的有效措施之一，但要注意安排好驾驶员的劳动、休息和学习时间，同时也考虑到定车、定人和车辆保修安排。在组织双班运输时，由于夜班比日班条件差，因此，除了工作时间长短不同外，在安排日夜班的运行作业计划时，一般应遵循以下原则：难运的安排在日班，好运的安排在夜班。

2. 定点运输

定点运输，是指按发货点固定车队、专门完成固定货运任务的运输组织形式。在组织定点运输时，除了根据任务固定车队外，还实行装卸工人、设备固定和调度员固定等。实行定点运输，可以加速车辆周转、提高运输和装卸工作效率、提高服务质量，并有利于行车安全和节能。定点运输组织形式，既适用于装卸地点比较固定集中的货运任务，也适用于装货地点集中而卸货地点分散的固定性货运任务。

3. 定时运输

定时运输，是指运输车辆按运行作业计划中所拟定的行车时刻表来进行工作。在汽车行车时刻表中规定汽车从车场开出的时间、每个运次到达和开出装卸地点的时间及装卸工作时间等。由于车辆按预先拟定好的时刻表进行工作，也就加强了各环节工作的计划性，提高了工作效率。要组织定时运输，必须做到各项定额的制定和查定工作，包括车辆出车前的准备工作时间定额，车辆在不同运输路线上重、空载行驶时间定额，以及不同货种的装、卸工作时间定额等。同时还应合理确定驾驶员的休息和用餐等生活时间，加强货源调查和组织工作，加强车辆调度和日常工作管理以及装卸工作组织等。

4. 甩挂运输

甩挂运输，是指利用汽车列车甩挂挂车的方法，以减少车辆装卸停歇时间的一种拖挂运输形式。在相同的运输组织条件下,汽车运输生产效率的提高取决于汽车的载重量、平均技术速度和装卸停歇时间三个主要因素。实行汽车运输列车化,可以相应提高车辆每运次的载重量,从而显著提高运输生产效率。采用甩挂运输时,需要在装卸货现场配备足够数量的周转挂车,在汽车列车运行期间,装卸工人预先装(卸)好甩下的挂车,列车到达装(卸)货地点后先甩下挂车,装卸人员集中力量装(卸)主车货物,主车装(卸)货完毕即挂上预先装(卸)完货物的挂车继续运行。采用这种组织方法,就使得整个汽车列车的装卸停歇时间减少为主车装卸停歇时间加甩挂时间。但需要注意周转挂车的装卸工作时间应小于汽车列车的运行时间间隔。甩挂运输应适用于在装卸能力不足、运距较短、装卸时间占汽车列车运行时间比重较大的运输条件下采用,并根据运输条件的不同而组织不同形式的甩挂运输。

四、整车运输费用的计算

(一)公路货物运输计价标准

1. 计费重量

1)计量单位

(1)整批货物运输以吨为单位,吨以下计至100千克,尾数不足100千克的,四舍五入。

(2)集装箱运输以箱为单位。

2)重量确定

一般货物按毛重计算重量。轻泡货物(指每立方米重量不足333千克的货物)的高度、长度、宽度,以不超过有关道路交通安全规定为限度,按车辆标记吨位计算重量。

2. 计费里程

1)里程单位

货物运输计费里程以千米为单位,尾数不足1千米的,进整为1千米。

2)里程确定

(1)货物运输的营运里程,按中华人民共和国交通运输部(以下简称交通运输部)和各省、自治区、直辖市交通行政主管部门核定、颁发的《中国公路营运里程图集》执行。《中国公路营运里程图集》未核定的里程由承、托双方共同测定或经协商按车辆实际运行里程计算。

(2)出入境汽车货物运输的境内计费里程以交通主管部门核定的里程为准;境外里程按毗邻国(地区)交通主管部门或有权认定部门核定的里程为准。未核定里程的,由承、托双方协商或按车辆实际运行里程计算。

(3)货物运输的计费里程:按装货地点至卸货地点的实际载货的营运里程计算。

(4)因自然灾害造成道路中断,车辆需要绕道行驶的,按实际行驶里程计算。

(5)城市市区里程按当地交通主管部门确定的市区平均营运里程计算;当地交通主管部门未确定的,由承托双方协商确定。

3. 运价单位

(1)整批运输:元/吨千米。

(2)集装箱运输:元/箱千米。

(二)货物运价价目

1. 基本运价

整车货物基本运价:指一吨整批普通货物在等级公路上运输的每吨千米运价。

2. 吨次费

对整车货物运输在计算运费的同时,按货物计费重量加收吨次费。

3. 普通货物运价

普通货物实行分等级计价,以一等货物为基础,二等货物加成15%,三等货物加成30%。

4. 特种货物运价

1)长大笨重货物运价

(1)一级长大笨重货物在整批货物基本运价的基础上加成40%~60%。

(2)二级长大笨重货物在整批货物基本运价的基础上加成60%~80%。

2)危险货物运价

(1)一级危险货物在整批(零担)货物基本运价的基础上加成60%~80%。

(2)二级危险货物在整批(零担)货物基本运价的基础上加成40%~60%。

3)贵重、鲜活货物运价

贵重、鲜活货物在整批(零担)货物基本运价的基础上加成40%~60%。

5. 非等级公路货运运价

非等级公路货物运价在整批(零担)货物基本运价的基础上加成10%~20%。

(三)货物运输其他收费

1. 调车费

(1)应托运人要求,车辆调往外省、自治区、直辖市或调离驻地临时外出驻点参加营运,调车往返空驶者,可按全程往返空驶里程、车辆标记吨位和调出省基本运价的50%计收调车费。在调车过程中,由托运人组织货物的运输收入,应在调车费内扣除。

(2)经承托双方共同协商,可以核减或核免调车费。

2. 延滞费

(1)发生下列情况,应按计时运价的40%核收延滞费。

①因托运人或收货人责任引起的超过装卸时间定额、装卸落空、等装待卸、途中停滞、等待检疫的时间。

②应托运人要求运输特种或专项货物需要对车辆设备改装、拆卸和清理延误的时间;因托运人或收货人造成不能及时装箱、卸箱、掏箱、拆箱、冷藏箱预冷等业务,使车辆在现场或途中停滞的时间。

延误时间从等待或停滞时间开始计算,不足1小时者,免收延滞费;超过1小时及以上,以半小时为单位递进计收,不足半小时进整为半小时。车辆改装、拆卸和清理延误的时间,从车辆进厂(场)起计算,以半小时为单位递进计算,不足半小时进整为半小时。

(2)由托运人或收、发货人责任造成的车辆在国外停留延滞时间(夜间住宿时间除外),计收延滞费。延滞时间以小时为单位,不足1小时进整为1小时。延滞费按计时包车运价的60%~80%核收。

(3)执行合同运输时,因承运人责任引起货物运输期限延误,应根据合同规定,按延滞费标准,由承运人向托运人支付违约金。

3. 装货(箱)落空损失费

应托运人要求,车辆开至约定地点装货(箱)落空造成的往返空驶里程,按其运价的50%计收装货(箱)落空损失费。

4. 道路阻塞停运费

汽车货物运输过程中,如发生自然灾害等不可抗力造成的道路阻滞,无法完成全程运输,需要就近卸存、接运时,卸存、接运费用由托运人负担。已完运程收取运费;未完远程不收运费;托运人要求回运,回程运费减半;应托运人要求绕道行驶或改变到达地点时,运费按实际行驶里程核收。

5. 车辆处置费

应托运人要求,运输特种货物、非标准箱等需要对车辆改装、拆卸和清理所发生的工料费用,均由托运人负担。

6. 车辆通行费

车辆通过收费公路、渡口、桥梁、隧道等发生的收费,均由托运人负担。其费用由承运人按当地有关部门规定的标准代收代付。

7. 运输变更手续费

托运人要求取消或变更货物托运手续,应核收变更手续费。因变更运输,承运人已发生的有关费用,应由托运人负担。

8. 装卸费

货物装卸费用由托运人承担。装卸费=装卸费率×毛重×装卸次数。

9. 保价费

选择保价运输的,按不超过货物保价金额的7‰(多数物流公司按3‰~5‰收取)收取保价费,若在运输过程中出现意外,承运方按照货物保价金额赔偿托运方。

(四)整车货物运费计算

(1)整车货物运价按货物运价价目计算。

(2)整车货物运费计算公式:吨次费×计费重量+整车货物运价×计费重量×计费里程+货物运输其他费用。

(3)运费单位。

运费以元为单位。运费尾数不足1元时,四舍五入。

练一练

无锡有一批玻璃制品(普通三级货物)要运往杭州,重9.83吨,体积为20立方米,15万元,托运人采用保价运输(按5‰计收),由承运人负责装卸(装卸费率为8元/吨),并且经双方协定按照运价的50%收取返程空驶调车费,根据要求需要使用一辆10吨的敞车。试计算货物的运输费用。(282公里,吨次费为6元/吨,基本运价率为0.36元/吨公里)

五、整车运输作业流程

整车货物运输的作业流程主要包括以下几个环节:申请托运、受理托运、核算票据、验货待运、运输调度、货物监装、货物运送、货物到达与交付、运费结算等。

(一)申请托运

在公路货物运输中,货物托运人向承运人提出运送货物的要求并填写公路整车运输货物托运单(见图2-28)。货物托运单(整车、零担、联运)是承、托双方订立的运输合同或运输合同证明,其明确规定了货物承运期间双方的权利、责任。托运单的填写要求内容准确完整,字迹清楚,不得涂改;托运人、收货人的姓名、地址填写完整;货物名称、包装、件数、体积、重量填写齐全。

公路整车运输货物托运单

年　月　日　　　　运单编号：

托运单位		地址		电话		装货地点	
收货单位		地址		电话		卸货地点	
货物名称		包装	件数	体积	重量	货物价值	
约定起运时间		约定到达时间		所需车辆数		所需车种	
取货方式	1.送货上门　2.上门取货			送货方式	1.自提　2.送货上门		
付款方式	1.现付　2.签回单付　3.到付　4.月结			回单签收	1.是　2.否		

托运单位：（盖章）　　　　　　　承运单位：（盖章）

经办人：　　　　　　　　　　　　经办人：

图 2-28　公路整车运输货物托运单

(二)受理托运

承运人收到由货物托运人填写的托运单后,应对托运单的内容进行审批。审批内容主要有以下几个方面。

(1)审核货物的详细情况(名称、体积、重量、运输要求)以及根据具体情况确定是否受理。通常下列情况承运人不予受理：

①法律禁止流通的物品或各级政府部门指令不予运输的物品。

②属于国家统管的货物或经各级政府部门列入管理的货物,必须取得准运证明方可出运。

③符合《道路危险货物运输管理规定》中规定的危险货物。

④托运人未取得卫生检疫合格证明的动、植物。

⑤托运人未取得主管部门准运证明的属规定的超长、超高、超宽货物。

⑥须由货物托运人押送、随车照料,而托运人未能做到的货物。

⑦由于特殊原因,以致公路无法承担此项运输的货物。

(2)检验有关运输凭证。货物托运应根据有关规定同时向公路运输部门提交准许出口、外运、调拨、分配等证明文件,或随货同行的有关票证单据,一般分为：

①根据各级政府法令规定必须提交的证明文件。

②货物托运人委托承运部门代为提取货物的证明或凭据。

③有关运输该批(车)货物的质量、数量、规格的单据。
④其他有关凭证,如动植物检疫证、超限运输许可证、禁通路线的特许通行证、关税单证等。

(3)审批有无特殊运输要求,如运输期限、押运人数,或承托双方议定的有关事项。在对托运单内容的审批和认定后,受理人确定货物运输的里程和运杂费,并编定托运单的号码,然后告知调度、运务部门,并将结算情况通知托运人。

(三)核算票据

承运人财务根据货物托运单进行运输费用核算,并填制公路整车货物运输货票(见图2-29)。货票是一种财务性质的票据,在发站是向托运人核收运费的依据和凭证,在到站是与收货人办理货物交付的凭证和收到货物的证明。

公路整车货物运输货票

托运单位:				承运单位:		票号:		
装货地址			联系人			电话		
卸货地址			联系人			电话		
运单号码		计费里程		货物等级		公路等级		
货物名称	包装形式	件数	实际体积	实际重量	计费重量	货物价值	计费项目		
							项目	单价	金额
							运费		
							装卸费		
							保价费		
							调车费		
合计			万 仟 佰 拾 元						
备注					收货人签字盖章				

开票单位(盖章):　　　开票人:　　　驾驶员:　　　年　月　日

图 2-29　公路整车货物运输货票

(四)验货待运

(1)托运单上的货物是否已处于待运状态。
(2)货物的包装是否符合运输要求。
(3)货物的数量准确与否,发运日期有无变更。
(4)装卸场地的机械设备、通行能力是否完好。

(五)运输调度

在接收到出货信息后,由调度员安排适宜车辆到出货地点装运货物。

1. 填写调度命令登记簿

调度员应详细了解现场情况,书写命令内容,必须正确、完整、清晰,先拟后发,发布时要反复核对,要一事一令。

调度命令登记簿如图 2-30 所示。

调度命令登记簿

月	日	发出时刻	命令			接受命令人姓名	阅读时刻（签名）	调度员姓名
			号码	受令及抄知处所	内容			

图 2-30　调度命令登记簿

2. 交付调度命令

调度命令必须直接下达给司机,并由司机签名确认,调度员也应该签名复核。

(六)货物监装

车辆到达装货地点后,司机和监装人员会同托运人对货物包装、数量和重量进行清点和核实,核对无误后进行装车。

(1)车辆到达装货地点,监装人员应根据托运单填写的内容、数量与发货单位联系发货,并确定交货办法。散装货物根据体积换算标准确定装载量,件杂货一般采用以件计算。

(2)在货物装车前,监装人员应注意并检查货物包装有无破损、渗漏、污染等情况,一旦发现,应与发货单位商议修补或调换,如发货单位自愿承担因破损、渗漏、污染等引起的货损,则应在随车同行的单证上加盖印章或做批注,以明确其责任。

(3)装车完毕后,应清查货位,检查有无错装、漏装,并与发货人员核对实际装车的件数,确认无误后,办理交接签收手续,填写交运货物清单(见图 2-31)。

(七)货物运送

货物装车后,即可出发。驾驶人员应及时做好货运途中的行车检查,既要保持货物完好无损、无漏失,又要保持车辆技术状况良好。在货物起运前后如遇特殊原因托运方或承运方需要变更运输时,应及时由承运和托运双方协商处理,填制汽车运输变更申请书,所发生的变更费用按相关规定处理。

(八)货物到达与交付

货物运达收货地点,应正确办理交付手续和交付货物。

(1)收货人应凭有效单证提(收)货物,无故拒提(收)货物,应赔偿承运人因此造成的损失。收货人不明或收货人无正当理由拒绝受领货物的,依照《中华人民共和国合同法》的相关规定,承运人可以提存货物。

交运货物清单

起运地点：							运单号码：	
编号	货物名称及规格	包装形式	件数	新旧程度	实际体积	实际重量	保险、保价	
1								
2								
托运人签字：			承运人签字：			年　月　日		

图 2-31　交运货物清单

(2)货物交付时，承运人与收货人应当做好交接验收工作，发现货损货差，由承运人和收货人共同编制货运事故记录，交接双方在货运事故记录上签字确认。

(3)货物交接时承托双方对货物的质量和内容有质疑均可提出查验与复磅，费用由责任方承担。

(4)货物交接完毕后，应由收货人在货票回单联上签字盖章，公路承运人的责任即告终止。

（九）运费结算

当货物运输完毕、票据返回后，结算中心整理好收费票据，做好收费汇总表交至客户确认后开具发票，向客户收取运费。运费结算可以是现金支付，也可以是非现金支付。

根据任务分组角色扮演情景模拟整车运输过程。

1. 知识准备

(1)整车运输组织的流程。

(2)整车运输单据的填制与流转。

(3)整车运输费用的计算。

2. 活动准备

(1)人员分工。

托运人:1人。

运单审核员:1人。

财务:1人。

调度员:1人。

司机:1人。

监装和押运员:1人。

收货人:1人。

(2)资料准备:整车运输的相关单据。

(3)其他准备:货物若干、托盘、托盘搬运车。

勤思考

一、选择题（单选或多选）

1. 专供或主要供厂矿、林区、农场、油田、旅游区、军事要地等与外部联系的公路称为（　　）。
   A. 国道　　　　　　　　　　B. 县道
   C. 专用公路　　　　　　　　D. 乡道

2. 以运送货物为主且有倾卸货箱功能的汽车称为（　　）。
   A. 载货汽车　　　　　　　　B. 自卸汽车
   C. 专用汽车　　　　　　　　D. 牵引车

3. 公路普通货物可以分为（　　）个等级。
   A. 2　　　　　B. 3　　　　　C. 4　　　　　D. 5

4. 将5吨钢铁从杭州运往上海，选择（　　）方式比较合适。
   A. 铁路运输　　　　　　　　B. 公路运输
   C. 水上运输　　　　　　　　D. 航空运输

5. 货物运输的门到门运输通常采用公路运输方式，是因为（　　）。
   A. 公路运输的灵活性大、适应性强　　B. 公路运输的速度快
   C. 公路运输的运量大　　　　　　　　D. 公路运输的运货种类多

6. 我国规定50千米为短途运输，（　　）千米以内为中途运输。
   A. 100　　　　B. 150　　　　C. 200　　　　D. 300

7. 在公路运输（　　）经济里程内，铁路、水运的装卸成本和时间成本以及运输频率均不如公路运输。
   A. 200千米　　B. 300千米　　C. 400千米　　D. 100千米

8. 相对于其他运输方式，公路运输的最大特点是（　　）。
   A. 速度快　　　B. 成本低　　　C. 货损率低　　　D. 门到门服务

9. 公路运输的轻泡货物是指每立方米重量不足（　　）千克的货物。
   A. 300　　　　B. 333　　　　C. 350　　　　D. 200

10. 关于公路运输货物的计费重量，整车是以（　　）为单位。
    A. 吨　　　　B. 10千克　　　C. 千克　　　D. 箱

11. 下列（　　）运输方式能使载货汽车（或牵引车）的停歇时间缩短到最低限度，最大限度地利用牵引能力，提高运输效能。
    A. 双班运输　　　　　　　　B. 定时运输
    C. 甩挂运输　　　　　　　　D. 定点运输

12. 整车货物运输的组织方式有（　　）。
    A. 双班运输　　　　　　　　B. 定时运输
    C. 甩挂运输　　　　　　　　D. 定点运输

二、问答题

1. 汽车货运站的分类有哪些？
2. 什么是交通标志？

3. 汽车运输货物的分类有哪些？
4. 公路整车运输费用计算时要注意什么？
5. 公路整车运输的具体组织流程是什么？
6. 填制公路整车运输单据时要注意什么？

2011年6月2日无锡A食品公司（无锡中山路26号）向无锡B物流公司（无锡建业路18号）托运了一批体育用品（普通二级货物），要求从无锡运往上海，该批货物有250箱，每箱30公斤，总重7.5吨，总体积为25立方米，价值10万元，托运人采用保价运输（按5‰计收），根据要求需要使用一辆8吨的敞车，由承运人负责装卸（装卸费率为7元/吨），并且经双方协定按照运价的50%收取返程空驶调车费，收货单位为上海欧尚超市（上海人民路158号）。其他要求：上门取货、送货上门，付款为签回单付，起运时间为2011年6月5日10点，到达时间为2011年6月5日14点。（里程265公里，吨次费为5元/吨，基本运价率为0.35元/吨公里）

根据以上运输任务要求进行单据的填制，运输费用的计算，情景模拟。

货物分类表

普通货物运价分等表见表2-3。

表2-3 普通货物运价分等表

等级	序号	货类	货物名称
一等货物	1	砂	砂子
	2	石	片石、渣石、寸石、石硝、粒石、卵石
	3	非金属矿石	各种非金属矿石
	4	土	各种土、垃圾
	5	渣	炉渣、炉灰、水渣、各种灰烬、碎砖瓦
二等货物	1	煤	原煤、块煤、可燃性片岩
	2	粮食及加工品	各种粮食（稻、麦、各种杂粮、薯类）及其加工品
	3	棉、麻	皮棉、籽棉、絮棉、旧棉、棉胎、木棉、各种麻类
	4	油料作物	花生、芝麻、油菜籽、蓖麻子及其他油料作物
	5	烟叶	烤烟、土烟
	6	蔬菜、瓜果	鲜蔬菜、鲜菌类、鲜水果、甘蔗、甜类、瓜类
	7	植物油	各种食用植物油、工业用植物油、医药用植物油
	8	植物种子、草、藤、树条	树、草、菜、花的种子、牧草、谷草、稻草、芦苇、树条、树根、木柴、藤
	9	蚕、茧	蚕、蚕子、蚕蛹、蚕茧
	10	肥料、农药	化肥、粪肥、土杂肥、农药（具有危险货物性质的除外）

续表

等级	序号	货类	货物名称
二等货物	11	糖	各种食用糖（包括饴糖、糖稀）
	12	肉脂及制品	鲜、腌、酱肉类、油脂及制品
	13	水产品	干鲜鱼类、虾、蟹、贝、海带
	14	酱菜、调料	腌菜、酱菜、酱油、醋、酱、花椒、茴香、生姜、芥末、腐乳、味精及其他调味品
	15	土产杂品	土产品、各种杂品
	16	皮毛、塑料	生皮张、生熟毛皮、鬃毛绒及其加工品、塑料及其制品
	17	日用百货、棉麻制品	各种日用小百货、棉麻纺织品、针织品、服装鞋帽
	18	药材	普通中药材
	19	纸、纸浆	普通纸及纸制品、各种纸浆
	20	文化体育用品	文具、教学用具、体育用品
	21	印刷品	报纸、杂志、图书及其他印刷品
	22	木材	圆木、方木、板料、成材、杂木棍
	23	橡胶、可塑料及其制品	生橡胶、人造橡胶、再生胶及其制品、电木制品、其他可塑原料及其制品
	24	水泥及其制品	袋装水泥、水泥制品、预制水泥构件
	25	钢铁、有色金属及其制品	钢材（管、丝、线、绳、板、皮条）、生铁、毛坯、铸铁件、有色金属、材料、大五金制品、小五金制品、配件、小型农机具
	26	矿物性建筑材料	普通砖、瓦、缸砖、水泥瓦、乱石、块石、级配石、条石、水磨石、白云石、蜡石、萤石及一般石制品、滑石粉、石灰膏、电石灰、矾石灰、石膏、石棉、白墨粉、陶土管、石灰石、生石灰
	27	金属矿石	各种金属矿石
	28	焦炭	焦炭、焦炭末、石油焦、沥青、焦木炭
	29	原煤加工品	煤球、煤砖、蜂窝煤
	30	盐	原盐及加工精盐
	31	泥、灰	泥土、淤泥、煤泥、青灰、粉煤灰
	32	废品及散碎品	废钢铁、废纸、破碎布、碎玻璃、废鞋靴、废纸袋
	33	空包装容器	篓、坛罐、桶、瓶、箱、筐、袋包、箱皮、盒
	34	其他	未列入表的其他货物
三等货物	1	蜂	蜜蜂、蜡虫
	2	观赏用花、木	观赏用长青树木、花草、树苗
	3	蛋、乳	蛋、乳及其制品
	4	干菜、干果	干菜、干果、子仁及各种果脯
	5	橡胶制品	轮胎、橡胶管、橡胶布类及其制品

续表

等级	序号	货类	货物名称
三等货物	6	颜料、染料	颜料、染料及助剂与其制品
	7	食用香精、树胶、木腊	食用香精、糖精、樟脑油、芳香油、木溜油、木蜡、橡蜡（橡油、皮油）、树胶
	8	化妆品	护肤、美容、卫生、头发用品等各种化妆品
	9	木材加工品	毛板、企口板、胶合板、刨花板、装饰板、纤维板、木构件
	10	家具	竹、藤、钢、木家具
	11	交电器材	电影机、电唱机、收音机、家用电器（见注2）、打字机、扩音机、闪光机、收发报机、普通医疗器械无线电广播设备、电线电缆、电灯用品、蓄电池（未装酸液）、各种电子元件、电子或电动儿童玩具
	12	毛、丝、呢绒、化纤、皮革制品	毛、丝、呢绒、化纤、皮革制的服装和鞋帽
	13	烟、酒、饮料、菜	各种卷烟、各种瓶罐装的酒、汽水、果汁、食品、罐头、炼乳、植物油精（薄荷油、桉叶油）茶叶及其制品
	14	糖果、糕点	糖果、果酱（桶装）、水果粉、蜜饯、面包、饼干、糕点
	15	淀粉	各种淀粉及其制品
	16	冰及冰制品	天然冰、机制冰、冰淇淋、冰棍
	17	中西药品、医疗器具	西药、中药（丸、散、膏、丹成药）及医疗器具
	18	贵重纸张	卷烟纸、玻璃纸、过滤纸、晒图纸、描图纸、绘图纸、图画纸、蜡纸、复写纸、复印纸
	19	文娱用品	乐器、唱片、幻灯片、录音带、音像带及其他演出用具及道具
	20	美术工艺品	刺绣、蜡或塑料制品、美术制品、骨角制品、漆器、草编、竹编、藤编等各种美术工艺品
	21	陶瓷、玻璃及其制品	瓷器、陶器、玻璃及其制品
	22	机器及设备	各种机器及设备
	23	车辆	组成的自行车、摩托车、轻骑、小型拖拉机
	24	污染品	炭黑、铅粉、锰粉、乌烟（墨黑、松烟）、涂料及其他污染人体的货物、角、蹄甲、牲骨、死禽骨
	25	粉尘品	散装水泥、石粉、耐火粉
	26	装饰石粉	大理石、花岗石、汉白玉
	27	带釉建筑用品	玻璃瓦、琉璃瓦、其他带釉建筑用品、耐火砖、耐酸砖、瓷砖瓦

注：1. 未列入表中的其他货物，除参照同类货物分等外，均列入二等货物。
2. 家用电器包括家用制冷电器、空调调节器、电风扇、厨房电器具、清洁卫生器具（洗衣机、吸尘器、电热淋浴器）、熨烫器具、取暖用具、保健用具、家用电器专用配件等。

特种货物运价分类表见表2-4。

表2-4 特种货物运价分类表

类别	分类概念	各类档次或序号	各类货物范围或货物名称
长、大笨重货物类		一级	货物长度6～10米或重量4吨以上(不含4吨)至8吨的货物
		二级	货物长度10～12米或重量在8吨以上(不含8吨)至20吨的货物
		三级	货物长度12～14米或高度在2.7米以上至3米以下或宽度在2.5米以上至3.5米以下或重量20吨以上至40吨以上(不含40吨)的货物
危险货物类	交通部《汽车危险货物运输规则》中列名的所有危险货物	一级	《汽车危险货物运输规则》中规定的易爆炸物品、一级氧化剂、压缩气体和液化气体、一级自燃物品、一级遇水易燃品、一级易燃固体、一级易燃液体剧毒物品、一级酸性腐蚀物品、放射性物品
		二级	《汽车危险货物运输规则》中规定的二级易燃液体、有毒物品、碱性腐蚀物品、二级酸性腐蚀物品、其他腐蚀物品
贵重货物类	价格昂贵、运输责任重大的货物	1	货币及主要证券,如货币、国库券、邮票、粮票、油票等
		2	贵重金属及稀有金属:贵重金属如金、银、钡、白金等及其制品;稀有金属如钴、钛等及其制品
		3	珍贵艺术品,如古玩字画、象牙、珊瑚、珍珠玛瑙、水晶宝石、钻石、翡翠、琥珀、猫眼、玉及其制品、景秦蓝制品、各种雕刻工艺品、仿古艺术制品和壁毯刺绣艺术品等
		4	贵重药材和物品,如鹿茸、麝香、犀角、高丽参、西洋参、冬虫夏草、羚羊角、田三七、银耳、天麻、蛤蟆油、牛黄、鹿胎、熊胎、豹胎、海马、海龙、戴红花、猴枣、马宝及以其为主要原料的制品和贵重西药
		5	贵重毛皮,如水獭皮、海龙皮、貂皮、灰鼠皮、玄虎皮、虎豹皮、猞猁皮、金丝猴皮及其制品
		6	珍贵食品,如海参、干贝、鱼肚、鱼翅、燕窝、鱼唇、鱼皮、鲍鱼、猴头、熊掌、发菜
		7	高级精密机械及仪表,如显微镜,电子计算机,高级摄影机、摄像机、显像管,复印机及其他精密仪器仪表
		8	高级光学玻璃及其制品,如照相机、放大机、显微镜等的镜头片、各种光学玻璃镜片、各种科学实验用的光学玻璃仪器和镜片
		9	电视机、录放音机、音响组合机、录像机、手表等
鲜活货物类	货物价值高、运输时间性强、运输效率低、责任大的鲜活货物	1	各种活牲畜、活禽、活鱼、鱼苗
		2	供观赏的野生动物,如虎、豹、狮、熊、熊猫、狼、象、蛇、蟒、孔雀、天鹅等
		3	供观赏的水生动物,如海马、海豹、金鱼、鳄鱼、热带鱼等
		4	名贵花木:盆景及各种名贵花木

模块二　公路零担运输

学习目标

(1) 熟悉公路货物零担运输的组织形式。
(2) 熟悉公路零担运输的组织流程。
(3) 熟悉零担货物中转的类型。
(4) 能准确填制公路零担运输的单据。
(5) 能准确计算公路零担运输的费用。
(6) 能情景模拟零担运输的过程。

工作任务

(1) 分析总结公路零担运输的组织流程。
(2) 计算零担运输的费用。
(3) 填制零担运输的单据。
(4) 情景模拟零担运输的过程。

领任务

2011年3月2日南京A塑料制品公司(南京中山路26号)向B物流公司南京站(南京建业路18号)托运了一批塑料饭盒(普通二级货物),要求从南京运往无锡,该批货物有50箱,每箱23公斤,总体积为5.2立方米,价值6万元,托运人采用保价运输(按5‰计收),由承运人负责装卸(装卸费率为8元/吨),收货单位为无锡家乐福(无锡清扬路158号)。其他要求:送货上门、自提,付款为现付,要签收回单。送货上门时间为2011年3月4日13点,发运时间为2011年3月5日11点,到站时间为2011年3月5日15点。里程352公里,基本运价率为0.000 58元/千克公里,到站B物流公司无锡站(无锡锡沪路28号)。

想一想

要完成该任务可采取公路的何种运输方式?如何计算费用?单据怎么填制?应该如何组织?

讲一讲

一、零担运输的概念

托运人一次托运的货物,其重量不足3吨者为零担货物。按件托运的零担货物,单件体积一般不得小于0.01立方米(单件重量超过10公斤的除外)不得大于1.5立方米;单件重量不得超过200公斤;货物长度、宽度、高度分别不得超过3.5米、1.5米和1.3米。不符合这些要求的,不能按零担货物托运、承运。各类危险货物,易破损、易污染和鲜活等货物,一般不能作为零担货物办理托运。

二、零担货物运输的组织形式

社会生产和人民生活对零担货物运送时间和方式、收发和装卸交接等的不同需要,要求零担货物运输采取不同的营运组织方式,这些组织方式形成了零担货物运输的基本组织形式。零担货物运输所采用的组织方式,按照零担车发送时间的不同划分为固定式和非固定式两大类。

(一)固定式零担货物运输的组织

固定式零担货物运输一般靠固定式零担车完成,因此固定式零担货物运输的组织,实际上就是固定式零担车的组织,固定式零担车通常称为汽车零担货运班车,这种零担货运班车一般是以营运范围内零担货物流量、流向,以及货主的实际要求为基础组织运行。运输车辆主要以厢式专用车为主,实行定车、定期、定线、定时运行。零担货运班车主要采用以下几种方式运行。

1. 直达式零担班车

直达式零担班车是指在起运站将各个发货人托运的同一到站,且性质适宜配载的零担货物,同车装运后直接送达目的地的一种货运班车。

直达式零担班车货运流程图如图2-32所示。

图2-32 直达式零担班车货运流程图

2. 中转式零担班车

中转式零担班车是指在起运站将各个发货人托运的同一线路、不同到达站且性质允许配载的各种零担货物,同车装运至规定中转站,卸后复装,重新组成新的零担班车运往目的地的一种货运班车。

中转式零担班车货运流程图如图2-33所示。

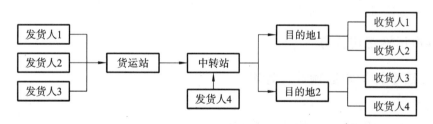

图2-33 中转式零担班车货运流程图

3. 沿途式零担班车

沿途式零担班车是指在起运站将各个发货人托运的同一线路不同到达站,且性质允许配装的各种零担货物,同车装运后在沿途各计划停靠站卸下或装上零担货物再继续前进直至最后终点站的一种货运班车。

沿途式零担班车货运流程如图 2-34 所示。

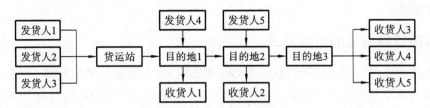

图 2-34　沿途式零担班车货运流程图

（二）非固定式零担货物运输的组织

非固定式零担货运的完成是通过非固定式零担车的组织来实现的,非固定式零担车是指按照零担货流的具体情况,临时组织而成的一种零担车,通常在新辟零担货运线路或季节性零担货物线路上使用。

三、零担货物中转作业的方法

（一）全部落地中转（落地法）

将整车零担货物全部卸下交中转站入库,由中转站按货物的不同到站重新集结,另行安排零担货车分别装运,继续运到目的地。该方法简便易行,车辆载重量和容积利用较好,但装卸作业量大,仓库和场地的占用面积大,中转时间长。

（二）部分落地中转（坐车法）

由始发站开出的零担货车,装运有部分要在途中某地卸下,转至另一路线的货物,其余货物则由原来车继续运送到目的地。由于部分货物不用装卸,减少了作业量,加快了中转作业速度,节约了装卸劳力和货位,但对留在车上的货物的装载情况和数量不易检查清点。

（三）直接换装中转（过车法）

当几辆零担车同时到站进行中转作业时,将车内部分中转零担货物由一辆车向另一辆车上直接换装,而不到仓库货位上卸货。组织过车时,既可以向空车上过,也可向留有货物的重车上过。在完成卸车作业时即完成了装车作业,提高了作业效率,加快了中转速度,但对到发车辆的时间等条件要求较高,容易受意外因素干扰而影响运输计划。

四、零担运输费用计算

（一）公路零担货物运输计价标准

1. 计费重量

（1）计量单位。零担货物运输以千克为单位。

（2）重量确定。零担货物起码计费重量为 1 千克。重量在 1 千克以上,尾数不足 1 千克的,四舍五入。零担运输轻泡货物以货物包装最长、最宽、最高部位尺寸计算体积,按每立方米折合 333 千克计算重量。

2. 计费里程

货物运输计费里程以千米为单位,尾数不足 1 千米的,进整为 1 千米。

3. 运价单位

运价单位为元/千克千米。

(二)货物运价价目

1. 基本运价

基本运价是指1千克零担普通货物在等级公路上运输的每千克千米运价。

2. 普通货物运价

普通货物实行分等级计价,以一等货物为基础,二等货物加成15%,三等货物加成30%。

3. 特种货物运价

1) 长、大笨重货物运价

(1) 一级长、大笨重货物在整批货物基本运价的基础上加成40%～60%。

(2) 二级长、大笨重货物在整批货物基本运价的基础上加成60%～80%。

2) 危险货物运价

(1) 一级危险货物在整批(零担)货物基本运价的基础上加成60%～80%。

(2) 二级危险货物在整批(零担)货物基本运价的基础上加成40%～60%。

3) 贵重、鲜活货物运价

贵重、鲜活货物在整批(零担)货物基本运价的基础上加成40%～60%。

4. 非等级公路货运运价

非等级公路货物运价在整批(零担)货物基本运价的基础上加成10%～20%。

(三)货物运输其他收费

1. 道路阻塞停运费

汽车货物在运输过程中,如发生自然灾害等不可抗力造成的道路阻滞,无法完成全程运输,需要就近卸存、接运时,卸存、接运费用由托运人负担。已完运程收取运费;未完运程不收运费;托运人要求回运,回程运费减半;应托运人要求绕道行驶或改变到达地点时,运费按实际行驶里程核收。

2. 车辆通行费

车辆通过收费公路、渡口、桥梁、隧道等发生的收费,均由托运人负担。其费用由承运人按当地有关部门规定的标准代收代付。

3. 运输变更手续费

托运人要求取消或变更货物托运手续,应核收运输变更手续费。因变更运输,承运人已发生的有关费用,应由托运人负担。

4. 装卸费

货物装卸费由托运人承担。装卸费=装卸费率×毛重×装卸次数。

5. 保价费

选择保价运输的,按不超过货物保价金额的7‰(多数物流公司按3‰～5‰收取)收取保价费,若在运输过程中出现意外,承运方按照货物保价金额赔偿托运方。

(四)零担货物运费计算

(1) 零担货物运价按货物运价价目计算。

(2)零担货物运费计算公式。零担货物运费＝计费重量×计费里程×零担货物运价＋货物运输其他费用。

(3)运费单位。运费以元为单位。运费尾数不足1元时,四舍五入。

南京有一批塑料制品(普通二级货物)要运往上海,重2584.6公斤,体积为7.8立方米,价值8万元,托运人采用保价运输(按5‰计收),由承运人负责装卸(装卸费率为8元/吨),计算其运费。(349公里,基本运价率为0.000 58元/千克公里)

五、零担货物运输作业流程

零担货物运输作业流程主要包括以下几个环节：申请托运、受理托运、货物验收、核算票据、入库保管、配载装车、货物运送、中转作业、到站卸货及异常情况处理、货物交付等。

(一)申请托运

在公路货物运输中,货物托运人向承运人提出运送货物的要求并填写公路零担运输货物托运单(见图2-35)。托运的货物品种不能在一张运单内逐一填写的应填写物品清单。

公路零担运输货物托运单

年　月　日　　　　运单编号：

起运站		到达站			
托运单位		地址		电话	
收货单位		地址		电话	
货物名称	包装	件数	体积	重量	货物价值
发运日期			到站日期		
取货方式	1.送货上门 2.上门取货		送货方式	1.自提 2.送货上门	
付款方式	1.现付 2.签回单付 3.到付 4.月结			回单签收	1.是 2.否

托运单位：(盖章)　　　　　　　　承运单位：(盖章)

经办人：　　　　　　　　　　　　经办人：

图2-35　公路零担运输货物托运单

(二)受理托运

承运人根据营业范围内的线路、站点、距离、中转车站、各车站的装卸能力、货物的性质及运输限制等业务规则和有关规定,接受零担货物的托运。受理托运时,承运方必须认真审核托运单,检查各项内容是否正确,如确认无误,则在运单上签章,表示接受托运。

零担托运受理的形式

- 随时受理制

随时受理制对托运日期无具体规定，在营业时间内，发货人均可将货物送到托运站办理托运，为货主提供了极大的方便。但随时受理制不能事先组织货源，缺乏计划性，因而货物在库时间长，设备利用率低。在实际工作中，随时受理制主要对作业量较小的货运站、急送货运站，以及始发量小、中转量大的中转站有用。

- 预约上门受理

预约上门受理是指货主通过电话、传真、网上传送等途径与承运方联系，事先预定托运货物，承运方根据约定托运货物名称、性质和数量等，派车到货主方装货实施运送。

- 日历承运制

日历承运制是指货运站根据零担货物流量与流向规律，编写承运日期表，事先公布，发货人则按规定日期来站办理托运手续。采用日历承运制可以有计划有组织地进行零担货物的运输，便于将去向和到站比较分散的零担货物集中，组织直达零担班车，均衡地安排起运站每日承担的货物数量，合理使用货运设备，也便于客户合理安排生产和产品调拨，提前做好货物托运准备工作。

（三）货物验收

把好验收关，能有效地杜绝差错。承运方仓库货物交接人员应该认真核对运单和货物，坚持照单验收，检查货物包装是否符合相关规定，有无破损、渗漏、污染等情况，未办理托运手续的货物不予验收。验收无误后，双方在运单上签字确认。

（四）核算票据

承运人财务根据货物托运单进行运输费用核算，并填制公路零担运输货票（见图 2-36）。

（五）入库保管

零担货物入库保管，是物流公司对货物履行运输和保管责任的开始。进出仓要照单入库或出库，做到以票对票、货票相符、票票不漏。零担货物仓库应严格划分货位，一般可为待运货位、急运货位、到达待交货位。零担货物仓库要具有良好的通风、防潮、防火、防盗条件和灯光照明设备，以保证货物的完好和适应各项作业要求。入库前贴公路零担货物标签（见图 2-37）。

（六）配载装车

配载是指对某一时段待运送的货物，依据其性质、数量（体积）、流向、直达或中转等，按照一定的原则（如安全、不污染、不影响运输质量等），选择安排适当吨位或容积的车辆装载的业务活动。

1. 零担货物配载原则

在选择合适的车辆后，应该遵循以下原则：

(1) 充分利用车辆载重量和容积，不甩货。

(2) 严格执行混装限制规定，性质或灭火方法相抵触的货物严禁混装于同一车。

(3) 符合货物堆放规则。大的重的包装结实的货物放下面，小的轻的货物放上面。做到重

公路零担运输货票

年　月　日　　　　　　　票号：

起运站		中转站		到达站		
托运单位		联系人		电话		
收货单位		联系人		电话		
运单号码		计费里程		货物等级		公路等级
货物名称	包装形式	件数	实际体积	实际重量	计费重量	货物价值	计费项目		
							项目	单价	金额
							运费		
							装卸费		
							保价费		
合计		万　仟　佰　拾　元							
备注		收货人签字盖章							

开票单位（盖章）：　　　　开票人：　　　　驾驶员：

图 2-36　公路零担运输货票

公路零担货物标签

车次	
起站	
到站	
票号	
总件数	
日期	年　月　日

图 2-37　公路零担货物标签

不压轻,大不压小,木箱不压纸箱。

（4）符合货物运输先后原则。做到中转先运、急件先运、先托先运、合同先运。

（5）先装远,后装近。

（6）货物装车后,车辆受力均匀,不偏重。

（7）货物堆垛稳固。

（8）尽量采用直达方式,减少中转；必须中转的货物,则应合理安排流向。

（9）加强对中途各站待运量的掌控,尽量使同站装卸的货物在重量和体积上相适应。

2. 装车准备工作

(1) 根据车辆容积、载重量和货物的性质、形状、长度和大小进行合理配载,填制货物交接清单。填单时应按货物先远后近、先重后轻、先大后小、先方后圆的顺序进行,以便按单顺次装车,对不同到达站和中转的货物要分单填制(即交接清单应一站一单,以利于点收点交和运杂费的结算)。

(2) 整理各种随货同行单证,包括提货联、随货联、托运单、零担货票及其他附送单据,按中转和直达分开,分别附于交接清单后面。

(3) 按单核对货物堆放位置,做好装车标记。

3. 装车

(1) 按公路汽车零担货物交接清单(见图 2-38)的顺序和要求点件装车。

(2) 将贵重物品放在防压、防撞的位置,保证运输安全。

(3) 装车完毕,要检查货位,避免漏装和错装。

(4) 驾驶员(或随车理货员)清点随车单证并签章确认。

(5) 检查车辆施封和遮盖捆扎的情况。

公路汽车零担货物交接清单

年　月　日　　　　编号:

车属单位				车号			吨位	
起运站	中转站	到达站	票号	收货人	品名	包装	件数	重量
合计								
附件	零担货票:			发票:			证明:	
中转站			到达站签字盖章					
						年	月	日
填发站			填单人			驾驶员		

图 2-38　公路汽车零担货物交接清单

(七) 货物运送

1. 按期发车,按线行驶

零担货运班车必须严格按期发车,按规定线路行驶,在中转站要由值班人员在路单上签证。

有车辆跟踪系统的要按规定执行,使基站能随时掌控车辆在途情况。

2.如有必要,可以变更运输

在货物起运前后如遇特殊原因托运方或承运方需要变更运输时,应及时由托运和承运双方协商处理,填制汽车运输变更申请书,所发生的变更费用,按有关规定处理。

(八)中转作业

对需要中转的货物须以中转零担班车或沿途零担班车的形式运到规定的中转站进行中转。中转作业主要是将来自各个方向的仍需要继续运输的零担货物卸车后重新集结待运,继续运至终点站。零担货物的中转除了承担货物的保管工作外,还需要进行一些与中转环节有关的理货、堆码和倒载等作业,因此,零担货物中转站必须配备相应的仓库和货棚,并具备良好的通风、防潮、防火、采光和照明等条件,确保货物安全完好和适应各项作业的需要,以便及时准确地送达目的地。

(九)到站卸货及异常情况处理

货运班车到站后,车站货运人员如仓库人员应向随车理货员或驾驶员索阅货物交接单,以及随车的有关单证,检查核对货物装载情况,如一切正常,在交接单上签字并加盖业务章。如有异常情况发生,则应采取相应措施处理。常见的异常情况及相应处理方法有以下几点。

(1)有单无货,双方签注情况后,在交接单上注明,将原单返回。

(2)有货无单,确认货物到站后,由仓库人员签发收货清单,双方盖章,清单寄回起运站。

(3)货物到站错误,将货物原车运回起运站。

(4)货物短缺、破损、受潮、污染、腐烂时,应双方共同签字确认,填写事故清单。

(十)货物交付

(1)货物到达(入库)后,及时通知收货人凭提货单提货,或者按指定地点送货上门。

(2)货物短损的,如包装破损,由交接双方清点(或复磅),做好记录,由责任方赔偿。

(3)遇到标签脱落的货物必须慎重查明,方可交付。

(4)提货单遗失的,收货人应及时向到达站挂失。经确认后,可凭有效证件提货。若在挂失前货物已经被他人持单领走,到达站应配合查找,但是不负责赔偿。

(5)"到货通知"发出1个月内无人领取货物或收货人拒收,到达站应向起运站发出"货物无法交付通知书"。超过1个月仍无人领取的,按照《关于港口、车站无法交付货物的处理办法》有关规定办理。

(6)货物交接完毕后,应有收货人在货票回单联上签字盖章,公路承运人的责任即告终止。

根据任务分组角色,扮演情景,模拟零担运输过程。

1.知识准备

(1)零担运输的组织流程。

(2)零担运输单据的填制与流转。

(3)零担运输费用的计算。

2.活动准备

(1)人员分工如下:

托运人:1人。
运单审核员:1人。
验货和入库员:1人。
财务:1人。
配货装车和押运员:1人。
司机:1人。
到站卸货和货物交付员:1人。
收货人:1人。
(2)资料准备:零担运输的相关单据。
(3)其他准备:货物若干、托盘、托盘搬运车。

勤思考

一、单项选择题

1. 按件托运的公路零担货物,单件体积一般不得小于_____立方米(单件重量超过10千克的除外)不得大于_____立方米;单件重量不得超过_____千克。( )
   A. 0.02 1.5 200   B. 0.01 1.5 300
   C. 0.01 1.5 200   D. 0.01 2 200

2. 按件托运的公路零担货物,长度、宽度、高度分别不得超过( )米。
   A. 3.5 1.5 2   B. 3.5 1.5 1.3
   C. 3 2 1.5   D. 3 2 1.3

3. 对到发车辆的时间衔接要求较高,容易遭受外界因素干扰的零担货物中转作业方法是( )。
   A. 落地法   B. 坐车法   C. 过车法   D. 以上三种都不是

4. 简便易行,但装卸作业量大,作业速度慢的零担货物中转作业方法是( )
   A. 落地法   B. 坐车法   C. 过车法   D. 以上三种都不是

5. 关于公路运输货物的计费重量,零担是以( )为单位
   A. 吨   B. 10千克   C. 千克   D. 箱

6. 零担运输是指托运人一次托运的货物计费总量在( )以下的货物运输。
   A. 1吨   B. 2吨   C. 3吨   D. 4吨

二、多项选择题

1. 下列( )零担班车属于固定式零担班车。
   A. 直达式   B. 落地式   C. 中转式   D. 沿途式

2. 零担货物中转作业的方法有( )。
   A. 落地法   B. 坐车法   C. 过车法   D. 坐地法

三、问答题

1. 各种固定式零担班车有何特点?
2. 三种中转方法各有何特点?
3. 计算公路零担运输费用时要注意什么?
4. 公路零担运输具体的组织流程是什么?

5.填制公路零担运输单据时要注意什么?

2011年5月2日无锡A玻璃制品公司(无锡人民56号)向无锡B物流公司无锡站(无锡建业路18号)托运了一批玻璃制品(普通三级货物),要求从无锡运往南京,该批货物有60箱,每箱25公斤,总体积为5.8立方米,价值5万元,托运人采用保价运输(按5‰计收),由承运人负责装卸(装卸费率为8元/吨),收货单位为南京家乐福(南京清晖路158号)。其他要求:送货上门、自提,付款为现付,要签收回单。送货上门时间为2011年5月4日13点,发运时间为2011年5月5日10点,到站时间为2011年5月5日15点。(里程352公里,基本运价率为0.000 58元/千克公里)

到站:无锡B物流公司南京站(南京建业路25号)

根据以上运输任务要求进行单据的填制,运输费用的计算,情景模拟。

公路特殊货物运输

公路运输的货物中,有一部分货物其本身的性质特殊,对装卸、运送和保管等环节有特殊要求,这类货物统称为特种货物。特种货物一般分为四大类,即危险货物、大件(长大笨重)货物、鲜活货物和贵重货物。

一、危险货物运输

(一)基本概念

凡具有爆炸、易燃、毒害、腐蚀、放射性等性质,在运输、装卸和储存保管过程中容易造成人身伤亡和财产损毁而需要特别防护的货物,均属危险货物。

危险货物分为八类:爆炸品;压缩和液化气体;易燃液体;易燃固体、自燃物品和通湿易燃物品;氧化剂和有机过氧化物;毒害品和感染性物品;放射性物品;腐蚀品。

(二)包装

危险货物运输包装不仅为保证产品质量不发生变化、数量完整,而且是防止运输过程中发生燃烧、爆炸、腐蚀、毒害、放射性污染等事故的重要条件之一,是安全运输的基础。对道路危险货物的包装有下列基本要求。

(1)包装的材质应与所装危险货物的性质适应,即包装及容器与所装危险货物直接接触部分,不应受其化学反应的影响。

(2)包装及容器应具有一定的强度,能经受运输过程中正常的冲击、震动、挤压和摩擦。

(3)包装的封口必须严密、牢靠,并与所装危险货物的性质相适应。

(4)内、外包装之间应加适当的衬垫,以防止运输过程中内、外包装之间、包装和包装之间以及包装与车辆、装卸机具之间发生冲撞、摩擦、震动而使内容器破损。同时又能防止液体货物挥发和渗漏,并当其洒漏时,可起吸附作用。

(5)包装应能经受一定范围内温、湿度的变化,以适应各地气温、相对湿度的差异。

(6)包装的质量、规格和形式应适应运输、装卸和搬运条件。例如:包装的质量和体积,不能过重;形式结构便于各种装卸方式作业;外形尺寸应与有关运输工具包括托盘、集装箱的容积、载质量相匹配等。

（7）应有规定的包装标志和储运指示标志，以利运输、装卸、搬运等安全作业。

（三）包装标记

一般货物运输包装标记分为识别标记和储运指示标记。危险货物运输包装除前述两种标记外还需要有危险性标记，以明确显著地识别危险货物的性质。这种标记以危险货物的分类为基础，针对不同类别、项别的危险货物，相应设计标记图案、颜色和形状等，使危险货物及其特性的识别一目了然，并为装卸搬运、储存提供指南。

（四）运输

1. 托运

托运人必须向已取得道路危险货物运输经营资格的运输单位办理托运。托运单上要填写危险货物品名、规格、件重、件数、包装方法、起运日期、收发货人详细地址及运输过程中应注意的事项；对货物性质或灭火方法相抵触的危险货物，必须分别托运；对有特殊要求或凭证运输的危险货物，必须附有相关单证并在托运单备注栏内注明；危险货物托运单必须是红色的或带有红色标志，以引起注意；托运未列入《汽车运输危险货物品名表》的危险货物新品种必须提交《危险货物鉴定表》。凡未按以上规定办理危险货物运输托运，由此发生运输事故，由托运人承担全部责任。

2. 承运

从事营业性道路危险货物运输的单位，必须具有10辆以上专用车辆的经营规模，5年以上从事运输经营的管理经验，配有相应的专业技术管理人员，并已建立健全安全操作规程、岗位责任制、车辆设备保养维修和安全质量教育等规章制度。

承运人受理托运时应根据托运人填写的托运单和提供的有关资料，予以查对核实，必要时应组织承托双方到货物现场和运输线路进行实地勘察。承运爆炸品、剧毒品、放射性物品及需要控温的有机过氧化物、使用受压容器罐（槽）运输烈性危险品，以及危险货物月运量超过100吨均应于起运前10天向当地道路运政管理机关报送危险货物运输计划，包括货物品名、数量、运输线路、运输日期等。营业性危险货物运输必须使用交通部统一规定的运输单证和票据，并加盖危险货物运输专用章。

3. 运输和装卸

运输和装卸的基本要求如下。

1）车辆

车厢、底板必须平坦完好，周围栏板必须牢固。铁质底板装运易燃、易爆货物时应采取衬垫防护措施，如铺垫木板、胶合板、橡胶板等，但不得使用谷草、草片等松软易燃材料；机动车辆排气管必须装有有效的隔热和熄灭火星的装置，电路系统应有切断总电源和隔离电火花的装置；凡装运危险货物的车辆，必须按国家标准《道路运输危险货物车辆标志》悬挂规定的标志和标志灯（车前悬挂有危险字样的三角旗）。根据所装危险货物的性质，配备相应的消防器材和捆扎、防水、防散失等用具。

2）装卸

装运危险货物应根据货物性质，采取相应的遮阳、控温、防爆、防火、防震、防水、防冻、防粉尘飞扬、防撒漏等措施。装运危险货物的车厢必须保持清洁干燥，车上残留物不得任意排弃，被危险货物污染过的车辆及工具必须洗刷消毒，未经彻底消毒，严禁装运食用、药用物品、饲料及活动物。危险货物装卸作业，必须严格遵守操作规程，轻装、轻卸，严禁摔碰、撞击、重压、倒置；使用的工具不得损伤货物，不准粘有与所装货物性质相抵触的污染物。货物必须堆放整齐、捆扎牢固、防止失落。操作过程中有关人员不得擅离岗位。危险货物装卸现场的道路、灯光、标志、消防设施等必须符合安全装卸的条件。灌（槽）车装卸地点的储槽口应标有明显的货物名牌；储槽注入、排放口的高度。容量和路面坡度应能适合运输车辆装卸的要求。

3）运送

运输危险货物时必须严格遵守交通、消防、治安等法规。车辆运行应控制车速，保持与前车的距离，严禁违章超车，确保行车安全。对在夏季高温期间限运的危险货物，应按各地公安部门规定进行运输。装载危险货物的车辆不得在居民聚居点、行人稠密地段、政府机关、名胜古迹、风景游览区停车。如果必须在上述地区进行装卸作业或临时停车，应采取安全措施并征得当地公安部门同意。运输爆炸品、放射性物品及有毒压缩气体、液化气体，禁止通过大中城市的市区和风景游览区。如果必须进入上述地区应事先报经当地县、市公安部门批准，按照指定的路线、时间行驶。三轮机动车、全挂汽车列车、人力三轮车、自行车和摩托车不得装运爆炸品、一级氧化剂、有机过氧化物；拖拉机不得装运爆炸品、一级氧化剂、有机过氧化物、一级易燃物品；自卸汽车除二级固体危险货物外，不得装运其他危险货物。运输爆炸品和需要特殊防护的烈性危险货物，托运人须派熟悉货物性质的人员指导操作、交接和随车押运。危险货物如有丢失、被盗应立即报告当地交通运输主管部门，并由交通运输主管部门会同公安部门查处。

4）交接

货物运达后，要做到交付无误。货物交接双方，必须点收点交，签证手续完全。收货人在收货时如发现差错、破损应协助承运人采取有效的安全措施及时处理并在运输单证上批注清楚。

二、大件货物运输

（一）基本概念

（1）长大货物：凡整件货物，长度在 6 m 以上，宽度超过 2.5 m，高度超过 2.7 m 时，称为长大货物，如大型钢梁、起吊设备等。

（2）笨重货物：货物每件重量在 4 吨以上（不含 4 吨），称为笨重货物，如锅炉、大型变压器等。笨重货物可分为均重货物与集重货物。均重货物是指货物的重量能均匀或近乎均匀地分布于装载底板上。集重货物是指货物的重量集中于装载车辆底板的某一部分。装载集重货物，需要铺垫一些垫木，使重量能够比较均匀地分布于底板。

（二）大件货物运输的基本技术条件

托运长大笨重货物时，一般都要采用相应的技术措施和组织措施。

（1）使用适宜的装卸机械，装车时应使货物的全部支承面均匀地、平稳地放置在车辆底板上，以免损坏车辆。

（2）用相应的大型平板车等专用车辆，严格按有关规定装载。

（3）对集重货物，为使其重量能均匀地分布在车辆底板上，必须将货物安置在纵横垫木上或相当于起垫木作用的设备上。

（4）货物重心应尽量置于车底板纵横中心交叉点的垂直线上。严格控制横移位和纵向移位。

（5）重车重心高度应控制在规定限制内，若重心偏高，除应认真进行加载加固以外，还要采取配重措施，以降低其重心高度。

(三)运输

1.托运

托运人在办理托运时,必须做到向已取得道路大件货物运输经营资格的运输业户或其代理人办理托运;必须在运单上如实填写大件货物的名称、规格、件数、件重、起运日期、收发人加地址及运输过程中的注意事项。托运人还应向运输单位提交货物说明书;必要时应附有外形尺寸的三面视图(以"＋"表示重心位置)和计划装载加固等具体意见及要求。凡未按上述规定办理托运或运单填写不明确,由此发生运输事故的由托运人承担全部责任。

2.承运

1)受理

承运人在受理托运时,必须做到根据托运人填写的运单和提供的有关资料,予以查对核实;承运大件货物的级别必须与批准经营的类别相符,不准受理经营类别范围以外的大件货物。凡未按以上规定受理大件货物托运由此发生运输事故的,由承运人承担全部责任。同时,按托运人提出有关资料对货物进行审核,掌握货物的特性及长、宽高度、实际质量,外形特征,重心位置等以便合理选择车型,计算允许装载货物的最大质量,不得超载,并指派专人观察现场道路和交通状况,附近有无电缆、电话线、煤气管道或其他地下建筑物,车辆是否能进入现场,是否适合装卸、调车等情况。了解运行路线上桥、涵渡口、隧道道路的负荷能力及道路的净空高度,并研究装载和运送办法。

2)装卸

大型物件运输的装卸作业应根据托运人的要求、货物的特点和装卸操作规程进行作业。货物的装卸应尽可能使用适宜的装卸机械。装车时应使货物的全部支承面均匀地、平稳地放置在车辆底板上,以免损坏底板或大梁;对集重货物为使其质量能均匀地分布在车辆底板上,必须将货物安置在纵横垫木上或相当于起垫木作用的设备上;货物重心应尽量置于车底板纵、横中心交叉点的垂线上,如无可能时,则对其横向位移应严格限制;纵向位移在任何情况下不得超过轴荷分配的技术数据;还应视货物质量、形状、大小、重心高度、车辆和线路、运送速度等具体情况采用不同的加固措施以保证运输质量。

3)运送

运送时,按指定的路线和时间行驶,并在货物最长、最宽、最高部位悬挂明显的安全标志,日间挂红旗夜间挂红灯,以引起往来车辆的注意。特殊的货物运送时,要有专门车辆在前引路,以便排除障碍。

三、鲜活易腐货物运输

(一)概念

鲜活易腐货物是指在运输过程中,需要采取一定措施防止货物死亡和腐坏变质,并须在规定运达期限内抵达目的地的货物。汽车运输的鲜活易腐货物主要有鲜鱼虾、鲜肉、瓜果、牲畜、观赏野生动物、花木秧苗、蜜蜂等。

(二)主要特点

(1)季节性强、货源波动性大,如水果、蔬菜、亚热带瓜果等。

(2)时效性强。鲜活货物极易变质,要求以最短的时间,最快的速度及时运到。

(3)运输过程需要特殊照顾,如牲畜、家禽、蜜蜂、花木秧苗等的运输,须配备专用车辆和设备,并有专人沿途进行饲养、浇水、降温、通风等。

（三）运输

1. 托运

托运鲜活易腐货物前,应根据货物的不同特性,做好相应的包装。托运时须向具备运输资格的承运方提出货物最长的运到期限,某一种货物运输的具体温度及特殊要求,提交卫生检疫等有关证明,并在托运单上注明。

2. 承运

承运鲜活易腐货物时,应对托运货物的质量、包装和温度进行认真的检查。要求质量新鲜、包装达到要求,温度符合规定。对已有腐烂变质特征的货物,应加以适当处理,对不符合规定质量的货物不予承运。

3. 装车

鲜活货物装车前,必须认真检查车辆的状态,车辆及设备完好方能使用,车厢如果不清洁应进行清洗和消毒,适当风干后,才能装车。装车时应根据不同货物的特点,确定其装载方法。如冷冻货物需要保持货物内部蓄积的冷量,可紧密堆码；水果、蔬菜等需要通风散热的货物必须在货物之间保留一定的空隙,相压的货物必须在车内加价板,分层装载。

4. 运送

根据货物的种类、运送季节、运送距离和运送方向,按要求及时起运、双班运输、按时运达。炎热天气运送时,应尽量利用早晚行驶。运送牲畜、蜜蜂等货物时,应注意通风散热。

项目三
铁路货物运输

TIELU HUOWU YUNSHU

目标与要求

最终目标：

能组织铁路货物运输。

促成目标：

(1)能组织铁路货物的整车运输。

(2)能组织铁路货物的零担运输。

工作任务

(1)组织铁路整车运输。

(2)组织铁路零担运输。

任务书

项目模块	工作任务	课时
模块一　铁路整车运输	1.计算铁路整车运输的费用 2.填制铁路整车运输的单据 3.分析总结铁路整车运输的组织流程 4.情景模拟铁路整车运输的过程	8
模块二　铁路零担运输	1.计算铁路零担运输的费用 2.填制铁路零担运输的单据 3.分析总结铁路零担运输的组织流程 4.情景模拟铁路零担运输的过程	6

模块一　铁路整车运输

学习目标

(1)熟悉铁路货物整车运输的运行条件。

(2)熟悉铁路整车运输组织的流程。

(3)能准确填制铁路整车运输的单据。

(4)能准确计算铁路整车运到期限和运输费用。

(5)能情景模拟铁路整车运输的过程。

工作任务

(1)分析总结铁路整车运输组织的流程。

(2)计算铁路整车运到期限和运输费用。

(3)填制铁路整车运输的单据。
(4)情景模拟铁路整车运输的过程。

北京星星农场(中山路625号)销售了一批袋装大豆,每袋25公斤,共2000袋,总重50吨,价值100万,2017年6月5日交由北京站发往上海站,要求用一辆60吨的棚车,由托运人自己负责装卸。收货人是上海食品有限公司(淮海路158号)。(运价号为5号,全程电气化,里程1074公里)

要完成该任务可采取铁路的何种运输方式?如何计算费用?单据怎么填制?应该如何组织?

一、铁路运输的分类

(一)按两根钢轨的距离不同分

按两根钢轨的距离不同可分为:标准轨距、宽轨距、窄轨距。
(1)标准轨距:轨距为1435 mm。
(2)宽轨距:轨距大于1435 mm。
(3)窄轨距:轨距小于1435 mm。

(二)按列车重量不同分

按列车重量不同可分为:长、大、重型和短、小、轻型。

(三)按列车的支持和驱动方式分

按列车的支持和驱动方式可分为普通铁路运输和悬浮式铁路运输。

二、铁路运输的技术设备和设施

(一)铁路机车

1. 蒸汽机车

蒸汽机车(见图3-1)是以蒸汽机将燃料的热能转换为机械能为能量转化方式的一种机车,早期的铁路都是采用这种机车。但是由于蒸汽机车的热效率很低,同时驾驶员工作环境差,现在已经被其他新型的牵引机车取代。我国在1988年停止了蒸汽机车的生产。

2. 内燃机车

内燃机车(见图3-2)是通过内燃机产生原动力,通过电力传动或液力传动方式驱动驱动轮的一种机车。相对蒸汽机车来说,内燃机车有整备时间短,牵引能力大,起动、加速快,可以实行多机连挂等优点。

3. 电力机车

电力机车(见图3-3)是依靠机车顶部升起的受电弓从接触网上获得电能并转换成机械能带

图 3-1 蒸汽机车

图 3-2 内燃机车

动列车运行的一种机车。电力机车具有功率大、能高速行驶、牵引的列车重量大等优点。

图 3-3 电力机车

(二)铁路车辆

1. 棚车(通用型、专用型)

棚车(见图 3-4 和图 3-5)主要用于装载怕日晒、怕潮湿的货物和较贵重的货物,如化肥、布匹、仪器及日用品等。车体主要有底架、顶棚、侧墙、端墙及门窗等组成,车内还设有床托、拦马杆等装置,可用来运送牲口。

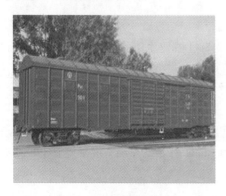

图 3-4 棚车(通用型)

图 3-5 棚车(专用型)

2.敞车

敞车(见图3-6)的车体由端墙、侧墙及地板组成,主要用来装运不怕湿的散装或包装货物,如煤炭、矿石、木材、钢材、机械设备及集装箱货物等。若在装运的货物上面加盖防水篷布,也可代替棚车装运怕湿货物。因此,敞车具有很大的通用性,在货车中的数量也最多。

3.平车

平车(见图3-7)是指不带端、侧板的货车。平车主要用于运送钢材、木材、汽车、拖拉机、机器、桥梁构件和沙石等货物。大部分平车的车体只有地板,为了提高平车的使用效率,减少回空,少数平车还有不超过 0.5 m 的活动板墙,以便运送矿石等散装颗粒货物。

图 3-6 敞车

图 3-7 平车

4.冷藏车

冷藏车(见图3-8)又称为保温车,车体外形与棚车相似,但车体外表涂成银灰色,以便于反射阳光,减少太阳辐射的影响。保温车主要用于运送鲜鱼、肉类、蔬菜、水果等新鲜易腐货物。保温车根据其制冷方式又可以分为加冰保温车和机械保温车。

图 3-8 冷藏车

5.煤车

煤车(见图3-9)是专门装运煤炭的无车顶但有固定车墙的车辆,专供装运煤炭和矿石之用。煤车一般设有特殊的卸货车门,如底开门、两侧从下往上翻开门,斜底开门或斜底侧开门等。有一种车底制成漏斗状,下部开有漏斗式卸货口的煤车称为煤漏斗车。

6.矿石车

矿石车(见图3-10)是用来装运矿石的专用车辆,一般为全钢制车体,并设有特殊的卸货门。

有的车底做成漏斗形并设底部开门,称为矿石漏斗车;有的车底能借助液压或气压动力装置而向一侧倾斜,并自动打开侧门倾卸货物,称为自动倾翻车。

图 3-9 煤车

图 3-10 矿石车

7. 水泥车

水泥车是运送水泥的专用车辆,车体为密封式,上部设有装入水泥的舱孔,下部设漏斗式底开门,其构造与矿石漏斗车相似。

8. 粮食车

粮食车(见图 3-11)又称粮食漏斗车,专供运输粮食之用。该车为无中梁的侧壁式结构,车顶设有装货口和安全走板,车底部设有卸货漏斗和开闭机构。

图 3-11 粮食车

9. 毒品车

毒品车(见图 3-12)是指专供装运化肥、农药和放射性矿石、矿砂的指定专用车辆。毒品车门窗部分须光滑,以免积存毒品,也便于清扫。

10. 罐车

罐车(见图 3-13)车体为一卧式圆筒,装有安全调压装置,专用于装运液体、液化气体和压缩气体等货物,也有少数罐车是用来装运粉状货物的。

图 3-12 毒品车

图 3-13 罐车

我国货车的基本型号用大写的汉语拼音字母来表示。这些字母多数是各类货车名称的第一个汉字的汉语拼音首字母,但也有例外。

常见货车基本型号见表 3-1。

表 3-1 常见货车基本型号

棚车	敞车	平车	罐车	保温车	煤车	家畜车
P	C	N	G	B	M	J
毒品车	粮食车	长大货物车	集装箱车	矿石车	水泥车	特种车
W	L	D	X	K	U	T

(三)铁路线路

线路是机车车辆和列车运行的基础。铁路线路是由路基、桥隧建筑物(包括桥梁、涵洞、隧道等)和轨道(包括钢轨、联结零件、轨枕和道床等)组成的一个整体工程结构。在铁路的各种技术标准中,铁路的等级是基本标准。其他各项标准的确定,都要依铁路等级而定。在我国《铁路线路设计规范》(TB10098—2017)中规定,新建铁路和改建铁路(或区段)的等级应根据其在铁路网中的作用、性质和远期的客货运量确定。我国铁路分为三个等级(见表 3-2)。

表 3-2 铁路等级及相关情况

等级	铁路在路网中的意义	远期年客货运量
Ⅰ级铁路	在路网中起骨干作用的铁路	≥15 吨
Ⅱ级铁路	在路网中起骨干作用的铁路	<15 吨
	在路网中起联络作用、辅助作用的铁路	≥7.5 吨
Ⅲ级铁路	为某一区域服务、具有地区运输性质的铁路	<7.5 吨

为使各级铁路确定设计标准有所依据,《铁路线路设计规范》规定了各级铁路的行车最高速度:Ⅰ级铁路为 120 千米/时,Ⅱ级铁路为 100 千米/时,Ⅲ级铁路为 80 千米/时;行车最高速度是旅客列车预期能达到的行车最高速度。如果设计铁路的最高行车速度大于 120 千米/时,则其技术标准应另行拟订。铁路线路等级标准不是一成不变的,随着社会发展和需求的变化,铁

路供给系统也伴随着科学技术进步在不断变化适应之中。

此外,世界高速铁路的蓬勃发展,我国铁路跨越式发展进程中也提出要加快修建高速客运专线和高速铁路。对高速客运专线和高速铁路的定义,各国的情况不同,并无统一的定义。一般国际上公认为:"可以实现列车时速在 200 千米及其以上的铁路称为高速铁路"。20 世纪末期,我国把在既有铁路线上列车时速达 120～160 千米称为中速列车,列车时速 160～200 千米称为准高速列车。

(四)铁路车站

为了保证铁路行车安全和必要的线路能力,铁路上每隔一定距离就需要设置一个分界点,把线路分成若干个区间。设有配线的分界点叫车站。车站是铁路运输的基本生产单位,它集中了运输有关的各项技术设备,车站作业也是运输过程中的主要作业环节。车站在铁路运输中的地位极为重要,货车在一次全周转时间中,车辆在车站的作业和停留时间约占 65%。因此,车站工作对货物的及时送达有举足轻重的作用。

(1)按业务性质铁路车站可分为:客运站、货运站、客货运站。

(2)按等级铁路车站可分为:特等站、一等站、二等站、三等站、四等站、五等站。

(3)按技术作业性质铁路车站可分:中间站、区段站、编组站。

三、铁路整车运输

(一)概念

铁路整车运输是指托运人向铁路托运一批货物的重量、体积或形状需要单独使用 30 吨以上的一辆及一辆以上铁路货车的运输。整车运输装载量大、运输费用较低、运输速度快,是铁路运输的主要运输形式。

小贴士

由于货物性质、运输的方式和要求不同,下列货物不能作为同一批进行运输:

(1)易腐货物和非易腐货物。

(2)危险货物和非危险货物。

(3)根据货物的性质不能混装的货物。

(4)投保运输险的货物和未投保运输险的货物。

(5)按保价运输的货物和不按保价运输的货物。

(6)运输条件不同的货物。

不能按一批运输的货物,在特殊情况下,如不影响货物安全、运输组织和赔偿责任的,经铁路有关部门认可也可按一批运输。

(二)整车运输具备的条件

1. 货物的重量或体积

我国现有的货车以棚车、敞车、平车和罐车为主。标记载重量(简称为标重)大多 50 吨和 60 吨,棚车容积在 100 立方米以上,达到这个重量或容积条件的货物,即应按整车运输。

2. 货物的性质或形状

(1)需要冷藏、保温或加温运输的货物。

(2)规定限按整车办理的危险货物(装入铁路批准使用爆炸品保险箱运输的除外)。

(3)易于污染其他货物的污秽品(经过卫生处理不致污秽其他货物的除外)。

(4)蜜蜂。

(5)不易计算件数的货物。

(6)单件货物重量超过2吨、体积超过3立方米或长度超过9米的货物(经发站确认不影响中转站和到站装卸作业的除外)。

(7)未装容器的活动物。

(三)整车分卸运输

整车分卸是铁路为了使托运人能经济地运输,其数量不足一车,而又不能按零担办理的货物的一种特殊的运输方式。

(1)必须是限按整车办理的货物,第一分卸站的货物数量不足一车。装在同一车内作为一批运输。

(2)分卸站必须在同一经路上,且最多不超过3个到站。

(3)应在站内公共装卸场所卸车,不能在专用线、专用铁路卸车。

(4)蜜蜂、使用冷藏车装运需要制冷或保温的货物和不易计算件数的货物,不得按整车分卸办理。

四、货车施封的规定

施封的目的是为了贯彻责任制,划分铁路与托运人或铁路内部各部门对货物运输的完整应负的责任。凡使用棚车、冷藏车、罐车运输的货物,应由组织装车的单位负责施封。但派有押运人,需要通风运输的货物以及组织装车单位认为不需要施封的货物,可以不施封。施封的货车应使用粗铁丝将两侧车门上部门扣和门鼻拧固并剪断燕尾,在每一车门下部门扣处施施封锁一枚。施封后须对施封锁的锁闭状态进行检查,确认落锁有效,车门不能拉开。在货物运单或者货车装载清单和货运票据封套上记明F及施封号码(如F146355、146356)。

卸车单位在拆封前,应根据货物运单、货车装载清单或货运票据封套上记载的施封号码与施封锁号码核对,并检查施封是否有效。拆封时,从钢丝绳处剪断,不得损坏站名、号码。拆下的施封锁,对编有记录涉及货运事故的,自卸车之日起,须保留180天备查。

> **小贴士**
>
> 发现施封锁有下列情形之一,即按失效处理:
>
> (1)钢丝绳的任何一端可以自由拔出,锁芯可以从锁套中自由拔出。
>
> (2)钢丝绳断开后再接,重新使用。
>
> (3)锁套上无站名、号码和站名或号码不清、被破坏。

五、铁路整车运到期限计算

铁路在现有技术设备条件和运输工作组织水平基础上,根据货物运输种类和运输条件将货物由发站运至到站而规定的最长运输限定天数,称为货物运到期限。

铁路承运货物的期限从承运货物的次日起按下列规定计算:货物运到期限按日计算。起码日数为3天,即计算出的运到期限不足3天时,按3天计算。

(一)货物发送期间(T发)

货物发送期间(T发)为1天。货物发送期间是指车站完成货物发送作业的时间,它包括发站从货物承运到挂出的时间。

(二)货物运输期间(T运)

货物运输期间是货物在途中的运输天数,每250运价公里或其未满为1天;按快运办理的整车货物每500运价公里或其未满为1天。

(三)特殊作业时间(T特)

特殊作业时间是为某些货物在运输途中进行作业所规定的时间,具体规定如下:
(1)需要中途加冰的货物,每加冰1次,另加1天。
(2)整车分卸货物,每增加1个分卸站,另加1天。
(3)准轨、米轨间直通运输的货物另加1天。

(四)若运到期限用T表示,则:T = T发 + T运 + T特。

货物运到逾期

如果货物的实际运到天数超过规定的运到期限时,即为运到逾期。若货物运到逾期,不论收货人是否因此受到损害,铁路均应向收货人支付违约金。违约金的支付是根据逾期天数,按承运人所收运费的百分比进行支付违约金。

某托运人欲从北京托运一批冷冻货物到广州,经过上海和长沙时加冰,运价里程为1460千米。求其运到期限。

六、铁路整车运输费用计算

(一)确定运价里程

按《中华人民共和国铁道部地方铁路货物运价里程表》算出发站至到站的运价里程,计算货物运费的起码里程为100千米。我国主要站间货运里程见表3-3。

说明:本里程表是根据铁路货运运价里程表规定的接算站计算的,当二站有两条以上路径时,选择最短的路径或直通快车运行的路径计算的。

表3-3 全国铁路主要站间货运里程表　　　　　　　　单位:公里

北京 北京
天津 137 天津
沈阳 741 707 沈阳
长春 1046 1012 305 长春
哈尔滨 1288 1354 547 242 哈尔滨
济南 497 360 1067 1372 1614 济南

合肥 1074 973 1680 1985 2227 613 合肥
南京 1160 1023 1730 2035 2277 663 312 南京
上海 1463 1326 2033 2335 2577 966 615 303 上海
杭州 1589 1452 2159 2464 2706 1092 451 429 201 杭州
南昌 1449 1444 2151 2456 2689 1137 478 838 837 636 南昌
福州 2334 2197 2904 3209 3451 1837 1196 1174 1173 972 622 福州
石家庄 277 419 1126 1431 1673 301 914 964 1267 1393 1293 1915 石家庄
郑州 689 831 1538 1843 2085 666 645 695 998 1124 927 1549 412 郑州
武昌 1225 1367 1972 2277 2519 1202 1181 1231 1230 1029 391 1013 948 536 武昌
长沙 1583 1725 2330 2635 2877 1560 1222 1200 1199 998 418 984 1306 894 358 长沙
广州 2289 2431 3036 3341 2928 2151 1826 1804 1803 1602 1022 1588 2012 1600 1064 706 广州
南宁 2561 2703 3411 6313 3855 2538 2098 2076 2075 1874 1294 1860 2282 1870 1336 978 1334 南宁
西安 1159 1301 1906 2211 2453 1177 1156 1206 1509 1635 1412 2389 511 1047 1405 2111 2383 西安
兰州 1811 1948 2552 2962 3099 1853 1832 1182 2185 2311 2088 3065 1599 1187 1723 2081 2787 3059 676 兰州
西宁 2092 2235 2839 3144 3386 2069 2048 2098 2401 2527 2304 3281 1815 1403 1939 2297 3003 3275 892 216 西宁
乌鲁木齐 3768 3911 4515 4820 5062 3745 3724 3774 4077 4065 4391 4957 3491 3079 3615 3973 4679 4951 2568 1892 2108 乌鲁木齐
成都 2042 2185 2789 3094 3336 2019 1998 2048 2351 2552 2239 2805 1765 1353 1737 1923 2527 1832 842 1172 1388 3026 成都
贵阳 2539 2681 3286 3591 3833 2516 2076 2054 2053 1852 1272 1838 2262 1850 1314 956 1560 865 1809 2139 2355 3993 967 贵阳
昆明 3178 3320 3925 4230 4472 3119 3098 2693 3069 2868 1911 2477 2901 2489 1953 1595 2199 1504 1942 2272 2488 4126 1100 639 昆明
太原 514 650 1255 1560 1802 532 1145 1195 1498 1624 1944 2521 231 577 1179 1537 2243 2515 651 1327 1543 3219 1493 2460 2593 太原
呼和浩特 667 804 1408 1713 1955 1164 1777 1827 2130 2256 2674 3303 871 1362 1898 2256 2962 3234 1291 1144 1360 3036 2133 3100 3233 640 呼和浩特
银川 1343 1480 2084 2389 2631 1840 2002 2052 2355 2481 2258 3235 1547 1357 1893 2251 2957 3229 846 468 684 2008 1342 2309 2442 1316 676 银川

(二)确定货物的运价等级(运价号)

根据货物运单上填写的货物名称查找铁路货物运输品名分类与代码表(部分)(见表3-4)确定适用的运价号。

表 3-4 铁路货物运输品名分类与代码表(部分)

代码	货物品类	代码	货物品类	代码	货物品类	代码	货物品类
01	煤	08	矿物性建材	15	化工品	22	饮食品及烟草
02	石油	09	水泥	16	金属制品	23	纺织品和皮毛及其制品
03	焦炭	10	木材	17	工业机械	24	纸及文教用品
04	金属矿石	11	粮食	18	电子电气机械	25	医药品

续表

代码	货物品类	代码	货物品类	代码	货物品类	代码	货物品类
05	钢铁及有色金属	12	棉花	19	农业机具	……	……
06	非金属矿石	13	化肥及农药	20	鲜活货物	99	其他货物
07	磷矿石	14	盐	21	农副产品	……	……

(三)确定货物的运价率

根据运价号在铁路货物运价率表(部分)(见表3-5)中查出适用的运价率(发到基价和运行基价)。

表 3-5 铁路货物运价率表(部分)

办理类别	货价号	发到基价		运行基价	
		单位	标准	单位	标准
整车	1	元/吨	4.60	元/吨公里	0.021 2
	2	元/吨	5.40	元/吨公里	0.024 3
	3	元/吨	6.20	元/吨公里	0.028 4
	4	元/吨	7.00	元/吨公里	0.031 9
	5	元/吨	7.90	元/吨公里	0.036 0
	6	元/吨	8.50	元/吨公里	0.039 0
	7	元/吨	9.60	元/吨公里	0.043 7
	8	元/吨	10.70	元/吨公里	0.049 0
	9			元/吨公里	0.150 0
	冰保	元/吨	8.30	元/吨公里	0.045 5
	机保	元/吨	9.80	元/吨公里	0.067 5
零担	21	元/10千克	0.087	元/10千克公里	0.000 365
	22	元/10千克	0.104	元/10千克公里	0.000 438
	23	元/10千克	0.125	元/10千克公里	0.000 526
	24	元/10千克	0.150	元/10千克公里	0.000 631
集装箱	1吨箱	元/箱	7.40	元/箱公里	0.003 29
	5.6吨箱	元/箱	57.00	元/箱公里	0.252 5
	10吨箱	元/箱	86.20	元/箱公里	0.381 8
	20英尺箱	元/箱	161.00	元/箱公里	0.712 8
	40英尺箱	元/箱	314.70	元/箱公里	1.393 5

(四)确定货物的计费重量

整车货物以吨为单位,吨以下四舍五入;整车货物除下列情况外,一般按货车标记载重量作为计费重量,货物重量超过标重时,按货物重量计费。

(1)使用矿石车、平车、砂行车,经铁路局批准装运铁路货物运输品名分类与代码表"01、

0310、04、06、081"和"14"类货物按 40 吨计费,超过时按货物重量计费。

(2)使用自备冷藏车装运货物时按 60 吨计费;使用标重低于 50 吨的自备罐车装运货物时按 50 吨计费。

(3)标重不足 30 吨的家畜车,计费重量按 30 吨计算。

(4)铁路配发计费重量高的货车代替托运人要求计费重量低的货车,如托运人无货加装,按托运人原要求车的计费重量计费。例如:托运人在某站托运化工机械设备 1 套,货物重量 15.7 吨,托运人要求用 40 吨敞车装运,经调度命令以一辆 50 吨敞车代用,托运人无货加装,则其计费重量按 40 吨计算。如有货物加装,如加装 5 吨,则按加装后 50 吨标重计费。

(五)计算运价

货物适用的发到基价加上运行基价与货物的运价里程相乘之积后,再与按本规则确定的计费重量(集装箱为箱数)相乘,计算出运费。

$$运费=(发到基价+运行基价×运价里程)×计费重量$$

(六)计算其他费用

1.铁路建设基金

$$铁路建设基金=费率×计费重量×运价里程$$

铁路建设基金费率表(部分)见表 3-6。

表 3-6 铁路建设基金费率表(部分)

项目种类	计费单位	农药	磷矿石 棉花	其他货物
整车货物	元/吨公里	0.019	0.028	0.033
零担货物	元/10 千克公里	0.000 19	0.000 33	

2.铁路电气化附加费

$$电气化附加费=费率×计费重量×电化里程$$

铁路电气化附加费费率表见表 3-7。

表 3-7 铁路电气化附加费费率表

项目种类	计费单位	费率
整车货物	元/吨公里	0.012
零担货物	元/10 千克公里	0.000 12

3.新路新价均摊运费

$$新路新价均摊运费=均摊运价率×计费重量×运价里程$$

新路新价均摊运费费率表见表 3-8。

表 3-8 新路新价均摊运费费率表

项目种类	计费单位	费率
整车货物	元/吨公里	0.011
零担货物	元/10 千克公里	0.000 011

4.印花税

印花税以每张货票计算,按运费的万分之五计收。运费不足200元的免税。

(七)计算杂费

铁路货运杂费是铁路运输的货物自承运至交付的全过程中,铁路运输企业向托运人、收货人提供的辅助作业、劳务,以及托运人或收货人额外占用铁路设备、使用用具、备品,所发生的费用,简称货运杂费。货运杂费有以下内容。

(1)使用冷藏车运输货物的杂费。

(2)使用铁路专用货车运输货物,除核收运费外,还应该核收专用货车使用费。

(3)使用长大货物车(D型车)运输货物的杂费。

(4)准轨、米轨间整车货物直通运输的换装费。

(5)运输里程在250千米以上的货物,核收货车中转作业费。

(6)派有押运人押运的货物,核收押运人乘车费。

(7)承运后发现托运人匿报、错报货物品名填写运单,致使货物运价减收或危险货物匿报、错报货物品名按普通货物运输时,按此核收全程正当运费两倍的违约金,不另收运费差额。

(八)运输费用总额

$$运输费用 = 运费 + 其他费用 + 杂费$$

每项运费、杂费的尾数不足0.1元时按四舍五入处理。

兰州西站发银川站机器一台重24吨,用50吨货车一辆装运,计算其运到期限、运输费用。(从兰州西站至银川站都是电气化铁路,其运价里程为479千米。机器的运价号为8号。)

七、铁路整车运输作业流程

(一)月要车计划表的提报、审批与下达

铁路整车实行计划运输,发货人要求铁路部门运输整车货物前,于上旬向铁路部门提出下月要车计划,并填写铁路要车计划表(见表3-9)交车站审核。经车站审核后的要车计划表,汇总形成月度运输计划,上报局审核,平衡后下达。

表3-9 铁路要车计划表

年 月份要车计划表		发货单位章 名称_____							
年 月 日提出		电话_____ 地址_____					批准计划号码:		
顺号	到站		收货单位		货物		车种车数		发站
	局	车站	名称	电话	名称	代号	重量	车种	车数	局	车站
1											
2											
3											
	合计										
其他要求事项					承运人签章						
								年 月 日			

发站、到站(局)和到站所属省(市)自治区各栏。发站和到站应按铁路货物运价里程表中所载的名称填写,不得省略,不得简称。如郑州东不得写成郑东。到达(局)名,填写到达站主管铁路局名的第一个字,例如:(哈)(上)(广)等。到站所属局名,填写到站所属铁路局的简称见表3-10。到站所同省(市)、自治区,填写到站所在地的省(市)、自治区的名称。到站及到站所属铁路局、省(市)自治区,三者必须相符。

表 3-10 铁路局全称及其简称

铁路局全称	铁路局简称	铁路局全称	铁路局简称
哈尔滨铁路局	哈	南昌铁路局	昌
沈阳铁路局	沈	广州铁路(集团)公司	广
北京铁路局	京	成都铁路局	成
呼和浩特铁路局	呼	兰州铁路局	兰
郑州铁路局	郑	乌鲁木齐铁路局	乌
济南铁路局	济	昆明铁路局	昆
上海铁路局	上	柳州铁路局	柳

(二)申请托运

托运人向承运人提出运输要求,并填写货物运单。所托运的货物应符合一批的要求,且货物已准备就绪,随时可以移交承运人。

铁路货物运单是一种承运合同。托运人按要求填写运单提交承运人,经承运人审核同意并承运后承运合同成立。运单是托运人与承运人之间为运输货物而签订的一种货运合同或货运合同的组成部分。因此,运单既是确定托运人、承运人、收货人之间在运输过程中的权利、义务和责任的原始依据,又是托运人向承运人托运货物的申请书、承运人承运货物和核收运费、填制货票以及编制记录和理赔的依据。货物运单由两部分组成,左侧为货物运单,右侧为领货凭证。

1.运单填写的基本要求

运单的填写,分为托运人填写和承运人填写两部分。在运单中"托运人填写"和"领货凭证"有关各栏由托运人填写。"承运人填写"各栏由承运人填写。承、托双方在填记时均应对运单所填记的内容负责。运单的填写要做到正确、完备、真实、详细、清楚、更改盖章。

(1)正确:要求填记的内容和方法符合规定。

(2)完备:要求填记的事项,必须填写齐全,不得遗漏。如危险货物不但要填写货物的名称,而且要填写其编号。

(3)真实:要求实事求是地填写,内容不得虚假隐瞒。如不能错报、匿报货物品名。

(4)详细:要求填写的品名应具体,有具体名称的不填概括名称,如双人床、沙发、立柜不能填写为家具。

(5)清楚:填写字迹清晰,应使用钢笔、毛笔、圆珠笔或加盖戳记、打字机打印或印刷等方法填写,不能用红色墨水填写,文字规范,以免造成办理上的错误。

(6)更改盖章:运单内填写各栏有更改时,在更改处,属于托运人填记事项,应由托运人盖章证明;属于承运人记载事项,应由车站加盖站名戳记。承运人对托运人所记事项一般不得更改。

2.运单的种类

运单的种类有现付运单、到付或后付运单、快运货物运单和剧毒品专用运单几种。

(1)现付运单:黑色印刷。

(2)到付或后付运单:红色印刷。

(3)快运货物运单:黑色印刷,将"货物运单"改为"快运货物运单"字样。

(4)剧毒品专用运单:黄色印刷,并有剧毒品标志图形。

铁路货物运单如图 3-14 所示。

_____ 铁路局

| 承运人/托运人装车 | 货物指定于　　月　　日　搬入 |
| 承运人/托运人施封 | 货位: |

计划号码或运输号码:

运到期限:　　日

托运人→发站→到站→收货人　　　　货票第　　　号

托运人填写				承运人填写						
发站			到站(局)	车种车号				货车标重	
到站所属省(市)自治区				施封号码				
托运人	名称				经由				铁路货车棚布号码	
	住址			电话					
收货人	名称				运价里程				集装箱号码	
	住址			电话					
货物名称	件数	包装	货物价格	托运人确定重量	承运人确定重量	计费重量	运价号	运价率	运费
合计									
托运人记载事项						承运人记载事项			
注:本单不作为收款凭证。托运人签约须知见背面			托运人签字或盖章　　年　月　日			到站交付日期戳		发站承运日期戳	

图 3-14　铁路货物运单

领货凭证如图 3-15 所示。

领货凭证

车种及车号	
货票第　　号	
运到期限　　日	
发站	
到站	
托运人	
收货人	
货物名称	件数	重量
托运人盖章签字	
发站承运日期戳	

注：收货人领货须知见背面

图 3-15　领货凭证

小贴士

托运人按一批托运的货物品名过多，不能在运单内逐一填记或托运搬家货物以及同一包装内有两种以上的货物，须另填写物品清单一式三份。加盖车站承运日期戳后，一份由发站存查；一份随同运输票据递交到站；一份退还托运人。对危险货物、鲜活货物或使用集装箱运输的货物，除填记货物的完整名称外，并应按货物性质，在运单右上角用红色墨水书写或用加盖红色戳记的方法，注明"爆炸品""氧化剂""毒害品""腐蚀物品""易腐货物""×吨集装箱"等字样。

（三）受理托运

承运人对托运人提出的货物运单，经审查符合运输要求，在货物运单上签上货物搬入或装车日期即为受理。

（四）货物交接

托运人凭车站签证后的货物运单，按指定日期将货物搬入货场指定的货位，车站交接人员应根据货物运单核对是否符合签证上的搬入日期，品名与现货是否相等。经检查无误后，方准搬入货场。检查的内容主要有以下几项。

（1）货物的名称、件数、重量是否与货物运单的记载相符。

（2）货物的状态是否良好。

(3)货物的运输包装和标记及加固材料是否符合规定。

(4)货物的标记(货签)是否齐全、正确。

(5)装载整车货物所需要的货车装备物品或加固材料是否齐备。

(五)核算制票

整车货物交接完后,托运人凭签收的货物运单到货运室核收运杂费,并填制货票(见图3-16)。

货　票
_____铁路局

计划号码或运输号码:　　　　　　　　　　　　　　NO.

发站		到站(局)		车种车号		货车标重		承运人/托运人装车	
经由		货物运到期限		铁路棚布号码				承运人/托运人施封	
				施封号码					
运价里程		集装箱号码		保价金额				现付金额	
								费别	金额
托运人名称及地址								运费	
收货人名称及地址								建设基金	
货物名称	品名代码	件数	货物重量	计费重量	运价号	运价率		电气化附加费	
								印花税	
								京九分流费	
合计									
记事								合计	
收货人签字或盖章			到站交付日期戳			发站承运日期戳			

图 3-16　货票

小贴士

货票一式四联。甲联为发站存查联;乙联为报告联,由发站报发局;丙联由发站给托运人报销用;丁联为运输凭证,由发站随货物递交到站,到站由收货人签章交付,作为完成运输合同的唯一依据。

(六)货物装车

1. 装卸车作业的责任范围

(1)在车站公共装卸场所(货场)装卸车的货物,一般由承运人负责。

(2)在其他场所(专用铁路和铁路专用线)装卸车的货物,由托运人或收货人负责。

(3)有些货物虽然在车站公共装卸场所(货场)进行装卸作业,但由于在装卸作业中需要特殊的技术、设备、工具,仍由托运人或收货人负责。如罐车运输的货物、冻结易腐货物、未装容器的活动物、蜜蜂、鱼苗、一件重量超过1吨的放射性同位素,以及用人力装卸带有动力的机械和车辆。此外,还有特殊性质的货物,如气体放射性物品、尖端保密物资、特别贵重的展览品、工艺品等。

2. 装车前的检查

(1)运单检查:车种吨位与计划表是否符合、到站有无停限装、整车分卸的倒装顺序、运单内有无其他事项。

(2)货物检查:件数、品名、堆码货位号与运单是否相符,加固材料及装车备品是否齐全,同一货位上有无易混淆货物。

(3)车辆检查:货车是否符合使用条件,状态是否良好,车内是否干净。

3. 装车

装车时,必须核对运单、货票、实际货物,保证运单、货票、货物"三统一",要认真监装,做到不错装、不漏装、巧装满装。在装车过程中,要严格按照《铁路装卸作业安全技术管理规则》有关规定办理,对货物装载数量和质量进行检查。

使用棚车、冷藏车、罐车、集装箱运输的货物,由组织装车或装箱单位负责在货车或集装箱上施封。但派有押运人的货物,需要通风运输的货物以及组织装车单位认为不需施封的货物(集装箱运输的货物除外)可以不施封。托运人委托承运人代封时,托运人应在货物运单上注明"委托承运人施封"字样,由承运人以托运人责任施封,并核收施封费。如果使用平车、敞车装运怕湿、易燃货物,则需要用篷布苫盖,苫盖要严密,捆绑牢固。

4. 装车后检查

(1)车辆装载检查:装载是否稳妥、捆绑是否牢固、施封是否符合要求等。

(2)货位检查:货位有无漏装。

(七)货物运输的途中作业

1. 行车安全检查

为保证行车安全和货物的完整性,装载货物的车辆在经过一段距离运行后,应进行货车技术状态和货物装载状态检查,若发生可能危及行车安全和货物完整情况时,要进行更换货车或货物整理作业。

2. 货运合同的变更

1)货运合同变更的种类

(1)变更到站:货物已经装车挂运,托运人与收货人可按批向货物所在的中途站或到站提出变更到站。

(2)变更收货人:货物已经装车挂运,托运人与收货人可按批向货物所在的中途站或到站提出变更收货人。

2)货运合同变更的限制

铁路是按计划运输货物的,货运合同变更必然会给铁路运输工作的正常秩序带来一定的影响,所以,对有些情况承运人不受理货运合同的变更。以下情况承运人不受理货运合同的变更。

(1)违反国家法律、行政法规。

(2)违反物资流向。

(3)违反运输限制。

(4)蜜蜂。

(5)变更到站后的货物运到期限大于容许运到期限。

(6)变更一批货物中的一部分。

(7)第二次变更到站的货物。

3. 运输阻碍的处理

因不可抗力的原因致使行车中断,货物运输发生阻碍时,铁路局对已承运的货物,可指示绕路运输。或在必要时先将货物卸下,妥善保管,待恢复运输时再行装车继续运输,所需装卸费用,由装卸作业的铁路局负担。因货物性质特殊,绕路运输或卸下再装,造成货物损失时,车站应联系托运人或收货人,请其在要求的时间内提出处理办法,如超过要求时间未接到答复或因等候答复使货物造成损失时,可比照无法交付货物处理,所得剩余价款,通知托运人领取。

(八)货物到达与交付

货物到达作业也就是货物在到站进行的货运作业,包括收货人向承运人的到站查询、缴费、领货、接受货物运单,与到站共同完成交付手续;到站向收货人发出货物催领通知,接受到货查询、收费、交货、交单,与收货人共同完成交付手续;由铁路组织卸车或收货人自己组织卸车,到站向收货人交付货物或办理交接手续,到达列车乘务员与到站人员的交接,亦为到达作业。

1. 车辆与票据交接

火车抵达到站后,车站应与车长办理车辆与票据交接工作,车站接收时,经检查无误后,与车长办理签证,记明到达车次及时间,如发现问题,应编制记录,交车长签证,以明确责任。

2. 卸车保管

卸车作业是铁路运输的重要环节,其工作质量直接影响到后续的装车作业、车辆的周转速度以及排空任务的完成,因此卸车作业各环节都要及时认真地完成。卸车时要根据运单认真清点、核对,检查货物的状态。

3. 货物的暂存

对到达的货物,收货人有义务及时将货物搬出,铁路也有义务提供一定的免费保管期间,以便收货人安排搬运车辆,办理仓储手续。免费保管期间规定为:由承运人组织卸车的货物,收货人应于承运人发出催领通知的次日(不能实行催领通知或会同收货人卸车的货物为卸车的次日)起算,2天(铁路局规定1天的为1天)内将货物搬出,超过此期限未将货物搬出,其超过的时间核收货物暂存费。

货物运抵到站,收货人应及时领取。拒绝领取时,应出具书面说明,自拒领之日起,3日内到站应及时通知托运人和发站,征求处理意见。托运人自接到通知之日起,30日内提出处理意见答复到站。

从承运人发出催领通知次日起(不能实行催领通知时,从卸车完了的次日起),经过查找,满30日(搬家货物满60天)仍无人领取的货物或收货人拒领,托运人又未按规定期限提出处理意见的货物,承运人可按无法交付货物处理。对性质不宜长期保管的货物,承运人根据具体情况,可缩短通知和处理期限。

4. 票据交付

收货人持领货凭证和规定的证件到货运室办理货物领取手续,在支付费用和在货票丁联盖章(或签字)后,留下领货凭证,在运单和货票上加盖到站交付日期戳,然后将运单交给收货人,凭此领取货物。如收货人在办理货物领取手续时领货凭证未到或丢失时,机关、企业、团体应提出本单位的证明文件;个人应提出本人居民身份证、工作证(或户口簿)或服务所在单位(或居住单位)出具的证明文件。

货物在运输途中发生的费用(如包装整修费、托运人责任的整理或换装费、货物变更手续等)和到站发生的杂费,在到站应由收货人支付。

5. 现货交付

现货交付即承运人向收货人点交货物。收货人持货运室交回的运单到货物存放地点领取货物,货运员向收货人点交货物完毕后,在运单上加盖"货物交讫"戳记,并记明交付完毕的时间,然后将运单交还收货人,凭此单将货物搬出货场。

在实行整车货物交付前保管的车站,货物交付完毕后,如收货人不能在当日将货物全批撤出车站时,对其剩余部分,按件数和重量承运的货物,可按件数点交车站负责保管,只按重量承运的货物,可向车站声明。

收货人持加盖"货物交讫"的运单将货物搬出货场,门卫对搬出的货物应认真检查品名、件数、交付日期与运单记载是否相符,经确认无误后放行。

根据任务分组角色扮演情景模拟铁路整车运输过程。

1. 知识准备

(1)铁路整车运输的组织流程。

(2)铁路整车运输单据的填制与流转。

(3)铁路整车运到期限与运输费用的计算。

2. 活动准备

(1)人员分工:

托运人:1人。

运单审核员:1人。

发站货物交接员:1人。

财务:1人。

司机:1人。

到站货物交接员:1人。

收货人:1人。

(2)资料准备:整车运输的相关单据。

(3)其他准备:货物若干、托盘、托盘搬运车。

勤思考

一、单项选择题

1. 铁路轨距的大小是按照（　　）厘米来划分的。
   A. 1000　　　　　B. 1510　　　　　C. 1435　　　　　D. 1200
2. 一般国际上认为可以实现列车时速在（　　）千米及其以上的铁路称为高速铁路。
   A. 120　　　　　B. 160　　　　　C. 300　　　　　D. 200
3. 将山西大同的 1 万吨煤运往北京，选择（　　）方式比较合适。
   A. 公路运输　　　B. 铁路运输　　　C. 水路运输　　　D. 航空运输
4. 铁路运输的经济里程在（　　）。
   A. 800 千米以上　B. 500 千米以上　C. 200 千米以上　D. 无限制
5. 铁路运输区别于其他运输方式最显著的特点是（　　）。
   A. 运量大　　　　B. 机动灵活　　　C. 连续性好　　　D. 速度快
6. 单件货物重量超过＿＿＿＿吨、体积超过＿＿＿＿立方米或长度超过＿＿＿＿米的货物（经发站确认不影响中转站和到站装卸作业的除外）应按整车运输办理。（　　）
   A. 2　3　9　　　B. 1　2　5　　　C. 2　3　8　　　D. 1　3　9
7. 关于铁路运输货物的计费重量，整车是以（　　）为单位。
   A. 吨　　　　　　B. 10 千克　　　C. 箱　　　　　　D. 20 千克
8. 铁路货物运到期限按日计算，起码日数为（　　）天。
   A. 2　　　　　　B. 3　　　　　　C. 4　　　　　　D. 1

二、多项选择题

1. 按照技术作业铁路车站可以分为（　　）。
   A. 中间站　　　　B. 区段站　　　　C. 编组站　　　　D. 货运站
2. 按照业务性质铁路车站可以分为（　　）。
   A. 客运站　　　　B. 货运站　　　　C. 客货运站　　　D. 区段站
3. 铁路车辆一般包括下列哪些（　　）。
   A. 棚车　　　　　B. 平车　　　　　C. 敞车　　　　　D. 机车
4. 铁路整车运输具有（　　）的特点。
   A. 运载量大　　　　　　　　　　　B. 运输费用较低
   C. 运输速度快　　　　　　　　　　D. 货源广泛
5. 铁路货物的运到期限包括（　　）。
   A. 货物发送期间　　　　　　　　　B. 货物到达期间
   C. 货物运输期间　　　　　　　　　D. 特殊作业时间

三、问答题

1. 铁路运输的分类有哪些？
2. 常用铁路车辆的类型及特点有哪些？
3. 铁路整车运输应具备的条件有哪些？
4. 铁路整车运输费用计算的步骤及注意事项有哪些？
5. 铁路整车运输各种单据填制时应该注意什么？

6.铁路整车运输的具体组织流程有哪些?

沈阳钢铁制造公司(人民路25号)销售生铁一批,价值198万元,总重量85吨,用一辆80吨的敞车,2012年10月20日交由沈阳站运送到济南站,由承运人负责装卸,交给济南钢铁制造公司(临海路58号)。(运价号为3号,全程电气化,里程1067千米)。

根据以上运输任务要求进行单据的填制,运到期限和运输费用的计算,情景模拟。

中国铁路网的"五纵三横"

一、五纵

1.京沪线

(1)跨过的省市区:京、津、冀、鲁、苏、皖、沪。

(2)经过的城市:北京、天津、德州、济南、徐州、蚌埠、南京、镇江、常州、无锡、苏州、上海。

(3)经过的地形区:华北平原、江淮平原、长江三角洲。

(4)重要意义:沟通了华北与华东,是东部沿海地区的交通大动脉。

2.京九线

(1)跨越的省市区:京、津、冀、鲁、豫、皖、鄂、赣、粤、港。

(2)经过的城市:北京、霸州、衡水、商丘、阜阳、麻城、九江、南昌、赣州、龙川、深圳、香港。

(3)经过的地形区:华北平原、江淮平原、鄱阳湖平原、江南丘陵、珠江三角洲。

(4)重要意义:缓解京广线、京沪线的运输压力,加速老区脱贫致富,维持港澳地区的稳定和发展。

3.京广线

(1)跨过的省市区:京、冀、豫、鄂、湘、粤。

(2)经过的城市:北京、石家庄、邯郸、新乡、郑州、武汉、长沙、株洲、衡阳、韶关、广州。

(3)经过的地形区:华北平原、洞庭湖平原、江南丘陵、南岭、珠江三角洲。

(4)重要意义:沟通了华北、华中与华南,是我国铁路网的中轴线,运量最大的南北大动脉。

4.焦柳线

(1)跨越的省市区:豫、鄂、湘、桂。

(2)经过的城市:焦作、洛阳、襄樊、枝城、怀化、柳州。

(3)经过的地形区:豫西山地、江汉平原、湘西山地、两广丘陵。

(4)重要意义:改善铁路布局,提高晋煤南运的能力,分流京广线的运量。

5.宝成—成昆线

(1)跨越的省市区:陕、甘、川、滇。

(2)经过的城市:宝鸡、成都、攀枝花、昆明。

(3)经过的地形区:秦巴山地、成都平原、云贵高原。

(4)重要意义:促进西南地区经济建设,加强民族团结。

二、三横

1. 京包—包兰线

(1)跨越的省市区:京、冀、晋、蒙、宁、甘。

(2)经过的城市:北京、大同、集宁、呼和浩特市、包头、银川、中卫、兰州。

(3)经过的地形区:晋北山地、内蒙古高原、宁夏平原。

(4)重要意义:促进华北与西北的联系,分担陇海线的运量,建设民族地区,巩固边防。

2. 陇海—兰新线

(1)跨越的省市区:苏、皖、豫、陕、甘、新。

(2)经过的城市:连云港、徐州、商丘、开封、郑州、洛阳、西安、宝鸡、兰州、乌鲁木齐、阿拉山口。

(3)经过的地形区:黄淮平原、黄土高原、河西走廊、吐鲁番盆地、准噶尔盆地。

(4)重要意义:沟通东部和西北部,促进西北地区的发展,巩固边防,横贯亚欧的第二条大陆桥,加速沿线工业的发展。

3. 沪杭—浙赣—湘黔—贵昆线

(1)跨越的省市区:沪、浙、赣、湘、黔、滇。

(2)经过的城市:上海、杭州、鹰潭、萍乡、株洲、怀化、贵阳、六盘水、昆明。

(3)经过的地形区:长江三角洲、江南丘陵、云贵高原。

(4)重要意义:横贯江南的东西干线,加强华中、中南、西南之间的联系,与长江航线相辅相成。

铁路车站

铁路车站或简称铁路站,口语惯称火车站,是供铁路列车停靠的地方,用以搬运货物或让乘客乘车。月台可粗略地分岛式月台、侧式月台、港湾式月台、跨越式站房、特殊车站、号志站。早期的车站通常是客货两用。这类车站现在仍然有,但是在欧美,货运一般集中在主要的车站。大部分的铁路车站都是在铁路的旁边,或者是路线的终点。部分铁路车站除了供乘客及货物上下外,亦有供机车及车辆维修或添加燃料的设施。多间铁路公司一起使用的车站一般称为联合车站或转车站。有时转车站亦指可供与其他交通工具(如电车、公共汽车或渡轮)转乘的车站。

一、车站按业务量,地理条件分为:特、一、二、三、四、五等站

为衡量车站客货运量和技术作业量大小,以及在政治、经济和铁路网上的地位所划分的不同等级,称为车站等级。

1. 对以单项业务为主的客运站或货运站及编组站,根据铁道部文件,按下列条件划分特、一、二等站

(1)具备下列三项条件之一者为特等站:

①日均上下车及换乘旅客在60 000人以上,并办理到达、中转行包在20 000件以上的客运站。

②日均装卸车在750辆以上的货运站。

③日均办理有调作业车在6500辆以上的编组站。

(2)具备下列三项条件之一者为一等站:

①日均上下车及换乘旅客在15 000人以上,并办理到达、中转行包在1500件以上的客

运站。
②日均装卸车在350辆以上的货运站。
③日均办理有调作业车在3000辆以上的编组站。
(3)具备下列三项条件之一者为二等站:
①日均上下车及换乘旅客在5000人以上,并办理到达、中转行包在500件以上的客运站。
②日均装卸车在200辆以上的货运站。
③日均办理有调作业车在1500辆以上的编组站。

2. 对办理客、货业务及货物列车编解等技术作业的综合性车站,以下列条件划分
(1)具备下列三项条件之二者为特等站:
①日均上下车及换乘旅客在20 000人以上,并办理到达、中转行包在2500件以上的。
②日均装卸车在400辆以上的车站。
③日均办理有调作业车在4500辆以上的车站。
(2)具备下列三项条件之二者为一等站:
①日均上下车及换乘旅客在8000人以上,并办理到达、中转行包在500件以上的。
②日均装卸车在200辆以上的车站。
③日均办理有调作业车在2000辆以上的车站。
(3)具备下列三项条件之二者为二等站:
①日均上下车及换乘旅客在4000人以上,并办理到达、中转行包在300件以上的。
②日均装卸车在100辆以上的车站。
③日均办理有调作业车在1000辆以上的车站。
(4)具备下列三项条件之二者为三等站:
①日均上下车及换乘旅客在2000人以上,并办理到达、中转行包在100件以上的。
②日均装卸车在50辆以上的车站。
③日均办理有调作业车在500辆以上的车站。
(5)办理综合业务,但按核定条件,不具备三等站条件者为四等站。
(6)只办理列车会让,越行的会让站与越行站,均为五等站。

二、按技术作业性质可分:中间站、区段站、编组站

1. 中间站

中间站的主要作用,是为沿线城乡及工农业生产的客货运输需求服务,以及提高铁路区段通过能力,保证行车安全,主要作业是办理列车的接发、通过作业;列车的会让、越行作业和少量的客货运输作业。
(1)中间站的物流作业:
①行李、包裹的承运、保管、装卸与交付。
②货物的承运、保管、装卸与交付。
③接发列车作业(包括接车、发车和通过列车)。
④摘挂列车的车辆摘挂作业,以及向货物线、专用线取送车辆的调车作业。
(2)中间站的物流设备:
①行包房。
②货运设备,包括场库设备、装卸机具和货运室等。

③站内线路,包括到发线、牵出线和货物线等。

④信号及通信设备。

2.区段站

区段站是列车牵引区段的分界点,一般设在有一定车流的集散地点和具有相当政治经济意义或客货运量的地域,其主要作业有货物列车的中转作业,区段货物列车和摘挂列车的编组解体作业和本站作业车向货场及专用线的取送车作业。

(1)区段站的物流作业:

①行李、包裹的承运、保管、装卸与交付。

②货物的承运、保管、装卸与交付。

③运转作业,包括接发、解体、编组列车,取送调车等。

④机车业务,包括换挂机车,机车整备、修理和检查等。

⑤车辆业务,列车的技术检查和车辆的检修。

(2)区段站的有关物流设备:

①货运设备。

②运转设备。

③机务设备,包括机务段或机务折返段。

④车辆设备,包括车辆段、列车检修所和站修所等。

⑤信号及通信设备。

3.编组站

编组站是铁路网上办理大量货物列车解体和编组作业,并设有比较完善调车设备的大型铁路车站。编组站的主要任务是将重车与空车汇集后编成发往各目的地的直达列车和直通列车,此外还编组区段列车、摘挂列车和小运转列车,并供应列车动力,整备、检修机车,货车的日常技术保养。

其任务是:解编各类货物列车,组织和取送本地区车流,供应列车动力、整备检修机车,货车的日常技术保养等。

编组站和区段站统称技术站,但二者在车流性质、作业内容和设备布置上均有明显区别。区段站要办理列车机车和机车乘务员的更换,办理无改编中转货物列车作业,而解编的区段,摘挂列车很少;编组站主要是办理各类货物列车的解编作业,改编作业往往占其作业量的60%以上,甚至达到90%。

模块二　铁路零担运输

(1)熟悉铁路货物零担运输的运行条件。

(2)熟悉铁路零担运输的组织流程。

(3)能填制铁路零担运输的单据。

(4)能计算铁路零担运输的运到期限和费用。

(5)能情景模拟铁路零担运输的过程。

(1)分析总结铁路零担运输的组织流程。
(2)计算铁路零担运输的运到期限和费用。
(3)填制铁路零担运输的单据。
(4)情景模拟铁路零担运输的过程。

杭州康师傅(中山路58号)销售了一批箱装康师傅方便面,共500箱,总重3450公斤,体积为15.18立方米,价值5万。2012年3月2日交由杭州火车站发往沈阳火车站,由承运人负责装卸,采用一辆50吨棚车,收货人是沈阳食品有限公司(建业路265号)。(运价号为21号,全程电气化,里程1874公里)

要完成该任务可采取铁路的何种运输方式?如何计算费用?单据怎么填制?应该如何组织?

一、零担运输的概念

零担运输是指托运人向铁路托运一批货物的重量、体积或形状不需要以一辆及一辆以上货车运输的货物。

二、零担运输的条件

为了便于装卸、交接和保管,有利于提高作业效率和货物安全,除应按整车办理的货物外,一件体积最小不得小于0.02立方米(一件重量在10公斤以上的除外)、每批件数不超过300件的货物,均可按零担运输办理。

三、零担货物的种类

零担货物有以下种类。
(1)普通零担货物,简称普零货物,即以零担办理的普通货物,使用棚车装运。
(2)危险零担货物,简称危零货物,即以零担办理的危险货物,使用棚车装运。
(3)笨重零担货物,简称笨零货物,是指一件重量在1吨以上,体积在2立方米或长度在5米以上,需要以敞车装运的货物。货物的性质适宜敞车装运和吊装吊卸的货物。
(4)鲜活零担货物,简称鲜零货物,是指在铁路运输过程中需要采取制冷、加温、保温、通风、上水等特殊措施,以防止腐烂变质或死亡的货物,以及其他托运人认为须按鲜活货物运输条件办理的货物。鲜活货物分为易腐货物和活动物两大类。易腐货物主要包括肉、鱼、蛋、奶、鲜水果、鲜蔬菜、鲜活植物等;活动物主要包括禽、畜、蜜蜂、活鱼、鱼苗等。使用保温车装运。

四、铁路零担运到期限计算

铁路承运货物的期限从承运货物的次日起按下列规定计算:货物运到期限按日计算,起码日数为3天,即计算出的运到期限不足3天时,按3天计算。

(一)货物发送期间(T发)

货物发送期间(T发)为1天。货物发送期间是指车站完成货物发送作业的时间,它包括发站从货物承运到挂出的时间。

(二)货物运输期间(T运)

货物运输期间是货物在途中的运输天数,每250运价公里或其未满为1天;

(三)特殊作业时间(T特)

特殊作业时间是为某些货物在运输途中进行作业所规定的时间,具体规定如下。
(1)需要中途加冰的货物,每加冰1次,另加1天。
(2)运价里程超过250公里的零担货物另加2天,超过1000公里的加3天。
(3)一件货物超过2吨、体积超过3立方米或长度超过9米的零担货物,另加2天。
(4)准轨、米轨间直通运输的货物另加1天。

(四)若运到期限用T表示,则:T=T发+T运+T特。

五、铁路零担运输费用计算(具体表格见整车运输)

(一)确定运价里程

按铁路货物运价里程表算出发站至到站的运价里程,计算货物运费的起码里程为100公里。

(二)确定货物的运价等级(运价号)

根据货物运单上填写的货物名称查找铁路货物运输品名分类与代码表确定适用的运价号。

(三)确定货物的运价率

根据运价号在铁路货物运价率表中查出适用的运价率(即发到基价和运行基价)。

(四)确定货物的计费重量

零担货物的计费重量以10千克为单位,不足10千克进为10千克。具体分三种情况计算重量:
(1)按实际重量计费。
(2)按规定计费重量计费。
零担货物规定重量表见表3-11。

表3-11 零担货物规定重量表

序号	货物名称	计算单位	规定计费重量/千克
1	组成的摩托车:		
	双轮	辆	750
	三轮	辆	1500

续表

序号	货物名称	计算单位	规定计费重量/千克
2	组成的机动车辆,拖斗车:		
	车身长不满 3 米	辆	4500
	车身长满 3 米以上,不满 4 米	辆	7500
	车身长度 4 米以上,不满 5 米	辆	15 000
	车身长度 5 米以上	辆	19 500
3	组成自行车	辆	100
4	轮椅、折叠式疗养车	辆(件)	60
5	牛、马、驴、骆驼	头	500
6	未装容器的猪、羊、狗	头	100
7	灵柩、尸体	具(头)	1000
8	每立方米重量不足 300 千克的轻浮货物	立方米	300
9	"童车""室内健身车""209 其他鲜活货物""9914 搬家货物、行李""9960 特定集装化货物"	实重	

(3)按货物重量或折合重量择大计费。

每立方米重量不足 300 千克为轻浮货物,按每一立方米体积折合重量 300 千克计算。

折合重量＝300×体积(千克)。

货物长、宽、高的计算单位为米,小数点后取两位小数(以下四舍五入)。体积的计算单位为立方米,保留两位小数,第三位小数四舍五入。

某站发送一批零担货物,重 225 公斤,体积为 0.82 立方米,确定其计费重量。

(五)计算运费

零担运费＝(发到基价＋运行基价×运价里程)×计费重量÷10

(1)在货物运单内分项填记重量货物应分项计费。

①运价率相同时,重量应合并计算。

②运价率不同的零担货物在一个包装内或按总重量托运时,按该批或该项货物中运价率高的计费。

(2)零担货物的起码运费每批 2 元。发到运费为 1.60 元,运行运费为 0.40 元。

(六)计算其他费用

1.铁路建设基金

铁路建设基金＝费率×计费重量×运价里程

铁路建设基金费率表见表 3-12。

表 3-12　铁路建设基金费率表

项目种类	计费单位	农药	磷矿石　棉花	其他货物
整车货物	元/吨公里	0.019	0.028	0.033
零担货物	元/10 千克公里	0.000 19	0.000 33	

2.铁路电气化附加费

$$电气化附加费 = 费率 \times 计费重量 \times 电气化里程$$

铁路电气化附加费费率表见表 3-13。

表 3-13　铁路电气化附加费费率表

项目种类	计费单位	费率
整车货物	元/吨公里	0.012
零担货物	元/10 千克公里	0.000 12

3.新路新价均摊运费

$$新路新价均摊运费 = 均摊运价率 \times 计费重量 \times 运价里程$$

新路新价均摊运费费率表见表 3-14。

表 3-14　新路新价均摊运费费率表

项目种类	计费单位	费率
整车货物	元/吨公里	0.011
零担货物	元/10 千克公里	0.000 011

4.印花税

印花税以每张货票计算,按运费的万分之五计收。运费不足 200 元的免税。

(七)计算杂费

(1)使用冷藏车运输货物的杂费。

(2)使用铁路专用货车运输货物,除核收运费外,还应该核收专用货车使用费。

(3)使用长大货物车(D 型车)运输货物的杂费。

(4)准轨、米轨间整车货物直通运输的换装费。

(5)运输里程在 250 千米以上的货物,核收货车中转作业费。

(6)派有押运人押运的货物,核收押运人乘车费。

(7)承运后发现托运人匿报、错报货物品名填写运单,致使货物运价减收或危险货物匿报、错报货物品名按普通货物运输时,按此核收全程正当运费 2 倍的违约金,不另收运费差额。

(八)计算运输费用总额

$$运输费用 = 运费 + 其他费用 + 杂费$$

每项运费、杂费的尾数不足 0.1 元时按四舍五入处理。

练一练

北京火车站发往合肥火车站一件零担货物,重 2250 公斤,体积为 8.18 立方米,请计算这批

货物的运到期限和运费。(全程电气化里程为1074公里,运价号为22号)

六、铁路零担运输组织流程

(一)申请托运

托运人向承运人提出运输要求,并填写货物运单。所托运的货物应符合一批的要求,且货物已准备就绪,随时可以移交承运人。

零担货物的承运方式

1. 随到随承运

为方便承运人,车站可采取随到随承运的方式,因为托运人发送货物是随机的,事先无法计划,只能是承运以后,在车站仓库内进行集结,所以仓库设备利用效率低,货物集结时间长,不利于组织直达整零车或中转整零车。

2. 计划受理(预先审批运单)

在零担货物运量较小而货物去向又分散的车站,可采用这种方式。计划受理是由托运人提前向车站提出运单,车站对所提运单实行集中审批。当发送某一到站或去向的货物能够配装一辆整零车时,则通知托运人按指定日期进货,使货流集中。采用此方法,加强了零担货物运输的计划性,提高了零担货物运输的组织水平,但是,容易造成货物在承运前的积压。

(1)日历承运与预先审批运单相结合。也就是车站按承运日期表进货和承运,但托运单位必须在承运日之前向车站提交运单,经审批后再指定进货日期和货位。

(2)预先集中审批运单。托运单位事先向车站提交运单,定期根据所提出的运单进行集配,组织成各种零担车,并根据车站设备和作业能力加以平衡,分别指定进货日期。

3. 承运日期表

(1)承运日期表:是车站有计划组织零担货物运输的主要方式,这种方式是车站在掌握货物流量、流向基本规律的前提下,按主要到站或方向分别安排承运日期,事先公布,托运人按规定的日期办理托运。

(2)特点:可以使托运人事先了解车站对各主要到站或方向分别的收货日期,及时做好托运的准备工作,做到有计划托运;可将分散的零担货流按主要到站或方向集结,便于配装整零车;车站可以平衡安排日间作业量,提高车站货运设备的利用效率;可以有计划地配送空车和按主要到站、中转站组织整零车。

铁路货物运单如图3-17所示。

领货凭证如图3-18所示。

(二)受理托运

承运人对托运人提出的货物运单,经审查符合运输要求,在货物运单上签上货物搬入或装车日期即为受理。

(三)货物交接

托运人凭车站签证后的货物运单,按指定日期将货物搬入货场指定的货位,车站交接人员

铁路货物运单

_____ 铁路局

承运人/托运人装车　　货物指定于　月　日 搬入
承运人/托运人施封　　货位：

计划号码或运输号码：
运到期限：　日

托运人 → 发站 → 到站 → 收货人　　　　货票第　　号

托运人填写				承运人填写			
发站		到站（局）		车种车号		货车标重	
到站所属省（市）自治区				施封号码			
托运人	名称			经由		铁路货车棚布号码	
	住址		电话				
收货人	名称			运价里程		集装箱号码	
	住址		电话				
货物名称	件数	包装	货物价格	托运人确定重量	承运人确定重量	计费重量	运价号	运价率	运费
合计									
托运人记载事项				承运人记载事项			
注：本单不作为收款凭证。托运人签约须知见背面	托运人签字或盖章　　年　月　日			到站交付日期戳		发站承运日期戳	

图 3-17　铁路货物运单

应根据货物运单核对是否符合签证上的搬入日期，品名与现货是否相等。经检查无误后，方准搬入货场。

（四）核算制票

整车货物交接完后，托运人凭签收的货物运单到货运室核收运杂费，并填制货票见图 3-19。

领货凭证

车种及车号	
货票第　　号	
运到期限　　日	
发站	
到站	
托运人	
收货人	
货物名称	件数	重量
托运人盖章签字	
发站承运日期戳	

注：收货人领货须知见背面

图 3-18　领货凭证

(五) 货物装车

1. 装卸车作业的责任范围

(1) 在车站公共装卸场所(货场)装卸车的货物，一般由承运人负责。

(2) 在其他场所(专用铁路和铁路专用线)装卸车的货物，由托运人或收货人负责。

(3) 有些货物虽然在车站公共装卸场所(货场)进行装卸作业，但由于在装卸作业中需要特殊的技术、设备、工具，仍由托运人或收货人负责。

2. 装车前的检查

(1) 运单检查：车种吨位与计划表是否符合、到站有无停限装、整车分卸的倒装顺序、运单内有无其他事项。

(2) 货物检查：件数、品名、堆码货位号与运单是否相符，加固材料及装车备品是否齐全，同一货位上有无易混淆货物。

(3) 车辆检查：货车是否符合使用条件，状态是否良好，车内是否干净。

3. 装车

装车时，必须核对运单、货票、实际货物，保证运单、货票、货物"三统一"，要认真监装，做到不错装、不漏装、巧装满装。装车过程中，要严格按照有关规定办理，对货物装载数量和质量进行检查。

货　票

_____铁路局

计划号码或运输号码：　　　　　　　　　　　NO.

发站	到站（局）	车种车号	货车标重	承运人/托运人装车	
经由	货物运到期限	铁路棚布号码		承运人/托运人施封	
		施封号码			
运价里程	集装箱号码	保价金额		现付金额	
				费别	金额
托运人名称及地址				运费	
收货人名称及地址				建设基金	
货物名称	品名代码	件数	货物重量	计费重量	运价号	运价率	电气化附加费	
							印花税	
							京九分流费	
合计								
记事							合计	
收货人签字或盖章		到站交付日期戳		发站承运日期戳	

图 3-19　货票

4. 装车后检查

(1)车辆装载检查：装载是否稳妥、捆绑是否牢固、施封是否符合要求等。

(2)货位检查：货位有无漏装。

(六)货物运输的途中作业

1. 行车安全检查

为保证行车安全和货物的完整性，装载货物的车辆在经过一段距离运行后，应进行货车技术状态和货物装载状态检查，若发生可能危及行车安全和货物完整情况时，要进行更换货车或货物整理作业。

2. 货运合同的变更

1)货运合同变更的种类

(1)变更到站。

(2)变更收货人。

2)货运合同变更的限制

铁路是按计划运输货物的,货运合同变更必然会给铁路运输工作的正常秩序带来一定的影响,所以,对有些情况承运人不受理货运合同的变更。

3.运输阻碍的处理

因不可抗力的原因致使行车中断,货物运输发生阻碍时,铁路局对已承运的货物,可指示绕路运输。或在必要时先将货物卸下,妥善保管,待恢复运输时再行装车继续运输,所需装卸费用,由装卸作业的铁路局负担。因货物性质特殊,绕路运输或卸下再装,造成货物损失时,车站应联系托运人或收货人请其在要求的时间内提出处理办法,如超过要求时间未接到答复或因等候答复使货物造成损失时,可比照无法交付货物处理,所得剩余价款,通知托运人领取。

(七)货物到达与交付

货物到达作业也就是货物在到站进行的货运作业,包括收货人向承运人的到站查询、缴费、领货、接受货物运单,与到站共同完成交付手续;到站向收货人发出货物催领通知,接受到货查询、收费、交货、交单,与收货人共同完成交付手续;由铁路组织卸车或收货人自己组织卸车,到站向收货人交付货物或办理交接手续,到达列车乘务员与到站人员的交接,亦为到达作业。

根据任务分组角色扮演情景模拟铁路零担运输过程。

1.知识准备

(1)铁路零担运输的组织流程。

(2)铁路零担运输单据的填制与流转。

(3)铁路零担运到期限与运输费用的计算。

2.活动准备

(1)人员分工如下:

托运人:1人。

运单审核员:1人。

发站货物交接员:1人。

财务:1人。

司机:1人。

到站货物交接员:1人。

收货人:1人。

(2)资料准备:零担运输的相关单据。

(3)其他准备:货物若干、托盘、托盘搬运车。

勤思考

一、单项选择题

1.关于铁路运输货物的计费重量,零担是以(   )为单位。

A.吨　　　　　　B.10千克　　　　　　C.箱　　　　　　D.20千克

2.铁路规定,按零担办理运输的货物,一件货物的体积不得小于(　　)立方米(一件重量 10 千克以上的除外)。

A．0.02　　　　　B．0.2　　　　　C．0.03　　　　　D．0.025

3.铁路规定,按零担办理运输的货物,每批件数不超过(　　)件。

A．200　　　　　B．300　　　　　C．500　　　　　D．600

4.一件重量在_____吨以上,体积在_____立方米或长度在_____米以上,需要以敞车装运的货物为笨重零担货物。(　　)

A．1　2　5　　　B．1　3　5　　　C．2　2　6　　　D．2　3　6

二、多项选择题

1.铁路零担货物包括下列哪些种类(　　)。

A．普通零担货物　　　　　　　　B．危险零担货物
C．笨重零担货物　　　　　　　　D．易腐零担货物

2.铁路零担货物的承运方式有(　　)。

A．随到随承运　　B．承运日期表　　C．定时承运　　D．计划受理

三、问答题

1.铁路零担货物有哪些种类?
2.铁路零担运输费用计算的步骤及注意事项有哪些?
3.铁路零担运输各种单据填制时应该注意什么?
4.铁路零担运输有哪些具体组织流程?

北京星星农场(横山路 58 号)销售了一批大豆,共 160 袋,总重 8000 公斤,体积为 20 立方米,价值 30 万元。2018 年 4 月 25 日交由北京站发往合肥站,由承运人负责装卸,采用一辆 60 吨棚车,收货人是合肥食品有限公司(人民路 77 号)。(运价号为 21 号,全程电气化里程 1074 公里)根据以上运输任务要求进行单据的填制,运到期限和运输费用的计算,情景模拟。

铁路货物运输合同

一、货运合同的签订

货运合同是承运人将货物从发站运输至指定地点,托运人或收货人支付运输费用的合同。货运合同的当事人是承运人、托运人与收货人。根据《中华人民共和国合同法》《铁路货物运输合同实施细则》的规定,承、托双方必须签订货运合同。铁路货运合同有预约合同和承运合同,都属于书面形式的合同。

(一)预约合同

预约合同以铁路货物运输服务订单(简称为订单)作为合同书,预约合同签订过程就是订单的提报与批准过程。

1.订单提报

(1)托运人应于每月 19 日前向铁路提报次月集中审定的订单,其他订单可以随时提报。

(2)托运人办理整车货物(包括以整车形式运输的集装箱)运输应提出订单一式两份;与铁路联网的托运人,可通过网络向铁路提报。

(3)订单内容应正确填写,字迹清楚,不得涂改。

2.订单审定

订单审定方式有集中审定、随时审定、立即审定等。集中审定是指为编制次月月统计划,对每月19日前提报的次月订单进行定期审定;随时审定是指对未列入月编计划的订单进行随时受理随时审定;立即审定是指对抢险救灾等必须迅速运输的物资审定的方式。

铁道部(负责国际联运、水陆联运和到港货物以及国家指定的重点货物订单的审定,其他货物由铁路局、铁路分局审定)、铁路局、铁路分局审定后,应及时将审定结果传输给指定联网点,指定联网点负责及时通知未联网的装车站,装车站负责及时通知托运人。审定后的订单当月有效,不准变更。因铁路原因造成的未能按时装车的订单,应在随时审定中给予优先安排。托运人按要求填写订单并提报或通过网络提报,一旦被审定并通知,预约合同成立,合同当事人必须执行预约合同的义务和责任。

(二)承运合同

承运合同以货物运单(简称为运单)作为合同书。托运人按要求填写运单提交承运人,经承运人审核同意并承运后承运合同成立。运单是托运人与承运人之间为运输货物而签订的一种货运合同或货运合同的组成部分。因此,运单既是确定托运人、承运人、收货人之间在运输过程中的权利、义务和责任的原始依据,又是托运人向承运人托运货物的申请书、承运人承运货物和核收运费、填制货票以及编制记录和理赔的依据。

零担货物和以零担形式运输的集装箱货物使用运单作为货运合同。整车货物与以整车形式运输的集装箱货物的货运合同包括经审定的订单和运单。

二、货运合同的变更和解除

(一)货运合同变更

1.货运合同变更的种类

(1)变更到站。货物已经装车挂运,托运人或收货人可按批向货物所在的中途站或到站提出变更到站。如北京运往宁波的货物在上海站要求变更到杭州。为保证液化气体运输安全,液化气体罐车不允许进行运输变更或重新起票办理新到站,如遇特殊情况需要变更或重新起票办理新到站时,须经铁路局批准。

(2)变更收货人。货物已经装车挂运,托运人或收货人可按批向货物所在的中途站或到站提出变更收货人。

2.货运合同变更的限制

铁路是按计划运输货物的,货运合同变更必然会给铁路运输工作的正常秩序带来一定的影响,所以,对下列情况承运人不受理货运合同的变更。

(1)违反国家法律、行政法规。

(2)违反物资流向。

(3)违反运输限制。

(4)蜜蜂。

(5)变更到站后的货物运到期限大于容许运到期限。

(6)变更一批货物中的一部分。

(7)第二次变更到站的货物。

3.货运合同变更的处理

托运人或收货人要求变更时,应提出领货凭证和货物运输变更要求书,提不出领货凭证时,应提出其他有效证明文件,并在货物运输变更要求书内注明。提出领货凭证是为了防止托运人要求铁路办理变更,而原收货人又持领货凭证向铁路要求交付货物的矛盾。

(二)货运合同的解除

整车货物和大型集装箱在承运后挂运前,零担和其他型集装箱货物在承运后装车前,托运人可向发站提出取消托运,经承运人同意,货运会同即告解除。

解除合同,发站退还全部运费与押运人乘车费,但特种车使用费和冷藏车回送费不退。此外,还应按规定支付变更手续费、保管费等费用。

项目四
水路货物运输

SHUILU HUOWU YUNSHU

目标与要求

最终目标：

能组织水路的货物运输。

促成目标：

(1)能组织班轮运输。

(2)能组织租船运输。

工作任务

(1)组织班轮运输。

(2)组织租船运输。

任务书

项目模块	工作任务	课时
模块一　班轮运输	1.计算班轮运输的费用	8
	2.填制班轮运输的单据	
	3.分析总结班轮运输的组织流程	
	4.情景模拟班轮运输的过程	
模块二　租船运输	1.分析总结租船运输的组织流程	4
	2.计算租船运输的费用	

模块一　班轮运输

学习目标

(1)熟悉班轮运输的形式及特点。

(2)熟悉班轮运输的组织流程。

(3)能准确填制班轮运输的单据。

(4)能准确计算班轮运输的费用。

(5)能情景模拟班轮运输的过程。

工作任务

(1)分析总结班轮运输的组织流程。

(2)计算班轮运输的费用。

(3)填制班轮运输的单据。

(4)情景模拟班轮运输的过程。

项目四 水路货物运输

上海某柴油机厂(徐汇区 8 号)出口一批柴油机给洛杉矶某农机公司(洛杉矶 21 号),共 15 箱,总毛重为 8.65 吨,总体积为 15.67 立方米。由上海黄埔港装中国远洋运输(集团)公司(徐家汇 180 号)凌云河班轮至洛杉矶港。此时燃油附加费为 30%,洛杉矶港口拥挤附加费为 10%,货币贬值附加费为 20%。

接货地:黄埔港 1 号仓库。交货地:洛杉矶港 3 号仓库。付费方式:到付。

中国远洋运输公司班轮船期表见表 4-1。

表 4-1　中国远洋运输公司班轮船期表

船 名	航次	进港日	截港日	装 期	开 航	到港日
凌云河	057E	5-29	6-1	6-2	6-3	6-15
飞云河	022E	6-5	6-8	6-9	6-10	6-22
腾云河	032E	6-12	6-15	6-16	6-17	6-29
青云河	075E	6-19	6-22	6-23	6-24	7-6

上海—洛杉矶航线等级费率表见表 4-2。

表 4-2　上海—洛杉矶航线等级费率表

货名	计算标准	等级(CLASS)	费率(RATE)/元
农业机械	W/M	9	904.00
棉布及棉织品	M	10	943.00
小五金及工具	W/M	10	943.00
玩具	M	20	1820.00

要完成该任务可采取水路的何种运输方式?如何计算费用?单据怎么填制?应该如何组织?

一、水路运输的形式

1. 沿海运输

沿海运输是使用船舶通过大陆附近沿海航道运送客货的一种方式,一般使用中、小型船舶。

2. 近海运输

近海运输是使用船舶通过大陆邻近国家海上航道运送客货的一种运输形式,视航程可使用中型或小型船舶。

3. 远洋运输

远洋运输是使用船舶跨大洋的长途运输形式,主要依靠运量大的大型船舶。

4. 内河运输

内河运输是使用船舶在陆地内的江河湖等水道进行运输的一种方式,主要使用中、小型船舶。

二、水路运输的货物

水路运输的货物包括原料、材料、工农业产品、以及其他产品。它们的形态和性质各不相同,对运输、装卸、保管也各有不同的要求。从水路运输的要求出发,可以从货物的形态、性质、重量、体积、运量等不同的角度进行分类。

(一)从货物形态的角度分类

1. 包装货物

为保证有些货物在运输装卸中的安全和便利,必须使用一些材料对它们进行适当的包装,这类货物称为包装货物。

2. 裸装货物

不加包装而成件的货物称为裸装货物。这类货物通常不便于包装,且不包装也不影响其运输质量。常见的有钢材、木材、生铁、有色金属及设备等。有些裸装货物虽无须包装,但在运输过程中必须采取防止水湿锈损的安全措施。

3. 散装货物

在运输中,没用包装,一般无法清点数量的粉状、颗粒状或块状货物称为散装货物。这类货物通常是大批量的低价货物,采用散装方式,利于机械装卸作业进行大规模运输,以降低运输费用。散装货物包括干质散货和液体散货,有煤炭、矿石、磷酸盐、粮食、化肥、水泥、石油等。

(二)从货物性质的角度分类

1. 普通货物

运输过程中没有特殊保管要求的货物,包括清洁货物、液体货物、粗劣货物。

2. 特殊货物

运输过程中有特殊运输保管要求的货物,包括危险货物、易腐货物、贵重货物和活动物、植物。

(三)从货物的重量和体积分类

1. 重量货物

重量货物也称为重货,是以其重量作为计算运输费用依据的货物。

2. 体积货物

体积货物也称为轻泡货,是将其体积折算成计费吨来计算运输费用的货物。

> **小贴士**
>
> 国际上统一的划分标准:凡1吨货物的体积不超过40立方英尺(1.1328立方米)的货物为重量货物。凡1吨货物的体积超过40立方英尺(1.1328立方米)的货物为体积货物,也称轻泡货。我国海运规定:凡1吨货物的体积不超过1立方米的货物为重量货物。凡1吨货物的体积超过1立方米的货物为体积货物。

(四)从货物运量大小的角度分类

1. 大宗货物

同票(批)货物的运量很大者为大宗货物,如矿石、煤炭、原油等。大宗货物占世界海运量的75%~80%。

2. 件杂货物

大宗货物以外的货物称为件杂货物。一般具有包装,可分件点数,约占世界海运量的25%,但其货价要占到75%。

3. 长大笨重货物

凡单件重量超过限定重量的货物称为重件货物或超重货物;凡单件体积(尺码)超过限定数量的货物称为长大货物或超长货物。

三、水路运输的基础条件

(一)船舶

1. 按货轮的功能(或船型)不同划分

1)杂货船

杂货船(见图4-1)有2~3层全通甲板,4~8个舱口,甲板上有带围壁的舱口,上有水密舱盖,一般能自动启闭,航速约在13节(1节=1海里/时=1.852公里/时)。杂货船又分为普通型杂货船与多用途杂货船。普通型杂货船主要用于装运成件包装货物。多用途杂货船既可装杂货,又可装散货、集装箱甚至滚装货。由于杂货船运送的单件货物,最小的为几十公斤,最大的可达几百吨,它的航线遍布内河和海洋,到达的港口也大小不等。在运输船中占有较大的比重。

2)散货船

散货船(见图4-2)是专门运输谷物、矿砂、煤炭及散装水泥等大宗散装货物的船舶,这种船大都为单甲板,在舱内设有挡板以防货物移动,其航速在15节左右。由于它具有运货量大,运费低等特点,目前在各类船舶的总吨位中占据第二位。

图4-1 杂货船

图4-2 散货船

3)集装箱船

集装箱船(见图4-3)是载运规格统一的标准货箱货船,上甲板平直,无梁拱与舷弧,舱内设格栅结构,航速在20~26节,最快的可达35节。集装箱船具有装卸效率高,经济效益好等优点,因而得到迅速发展。集装箱运输的发展是交通运输现代化的重要标志之一。

图 4-3 集装箱船

4) 液货船

运送散装液体的船统称为液货船(见图 4-4),如油船、液体化学品船和液化气船等。液货理化性质差别很大,因此运送不同液货的船舶,其构造与特性均有很大差别。最大的油船载重在 50 万吨以上,航速约 16 节。

图 4-4 液货船

5) 滚装船

滚装船(见图 4-5)类似于汽车与火车渡船,船的一侧或船的尾部可以打开并有伸缩跳板,装卸时,货物由拖车拖带(或自行开车)驶进驶出船舱,其装载速度较快。这种船适用于装卸繁忙的短程航线,也有向远洋运输发展的趋势。

6) 载驳船

载驳船(见图 4-6)也叫子母船,每条母船可载子船 70~100 条,每条子船载重 300~600 吨。母船载重多在 5 万~6 万吨,最小的为 2 万多吨,最大的为 20 多万吨。在港口设备不齐全,或港口拥挤,或港口至内地之间无合适的运输工具而又需要依靠江河运输的情况下,就可利用这种船,子船可以吊上吊下或驶进驶出。

7) 冷藏船

冷藏船(见图 4-7)的船上有制冷设备,温度可调节,以适合不同货物的需要。这种船吨位不大,多在 2000~6000 吨,航速在 15 节左右。

2. 按货物的载重量不同划分

1) 巴拿马型船

这类船的载重量在 6 万~8 万吨,船宽为 32.2 米。因通过巴拿马运河船闸时,船宽要受此限制。

图 4-5 滚装船

图 4-6 载驳船

图 4-7 冷藏船

2) 超巴拿马型船

超巴拿马型船指船宽超过 32.3 米的大型集装箱船,如第五代集装箱船的船宽为 39.8 米,第六代集装箱船的船宽为 42.8 米。

3) 灵便型船

这类船的载重量为 3 万～5 万吨,可作为沿海、近洋和远洋运输谷物、煤炭、化肥及金属原料等散装货物的船。

(二) 水上航道

现代的水上航道已不仅指天然航道,而且应包括人工航道、进出港航道以及保证航行安全的航行导标系统和现代通信导航系统在内的工程综合体。

1. 海上航道

海上航道属自然水道,其通过能力几乎不受限制。但是,随着船舶吨位的增加,有些海峡或狭窄水道会对通航船舶产生一定的限制。例如,位于新加坡、马来西亚和印度尼西亚之间的马六甲海峡,为确保航行安全、防止海域污染,三国限定通过海峡的油船吨位不超过 22 万吨,龙骨下水深必须保持 3.35 米以上。

2. 内河航道

内河航道大部分是利用天然水道加上引航的导标设施构成的。船舶航行应了解有关航道的一些主要特征,例如:航道的宽度、深度、弯曲半径、水流速度、过船建筑物尺度以及航道的气象条件和地理环境等。必须掌握以下通航条件:

(1) 通航水深,其中包括:① 潮汐变化;② 季节性水位变化;③ 枯洪期水深等。

(2) 通行时间,其中包括:① 是否全天通行;② 哪些区段不能夜航等。

(3)通行方式,应了解航道是单向过船还是双向过船等。

(4)通行限制,应了解:①有无固定障碍物,例如,桥梁或水上建筑等;②有无活动障碍物,例如施工船舶或浮动设施等。

3.人工航道

人工航道又称运河,是由人工开凿,主要用于船舶通航的河流。国际航运中,主要的人工航道有苏伊士运河、巴拿马运河等。应掌握和了解这些著名的国际通航运河的自然环境条件,其中包括通航水深、通行船舶尺度限制、通行方式以及通过时间等。例如:

(1)苏伊士运河。通航水深:16米。通行船舶:最大的船舶为满载15万吨或空载37万吨的油船。通行方式:单向成批发船和定点会船。通过时间:10~15小时。

(2)巴拿马运河。通航水深:13.5~26.5米。通行船舶:6万吨级以下或宽度不超过32米的船只。通过时间:16小时左右。

(3)京杭大运河。京杭大运河(见图4-8)是世界上里程最长、工程最大的运河,是最古老的运河,比苏伊士运河长近10倍,比巴拿马运河长20多倍。京杭大运河自北而南流经北京、天津2市和冀、鲁、苏、浙4省,贯通中国五大水系——海河、黄河、淮河、长江、钱塘江和一系列湖泊。京杭大运河的流向、水源和排蓄条件在各段均不相同,非常复杂。

图4-8 京杭大运河

小贴士

苏伊士运河:埃及,长190公里,1859—1869年。

巴拿马运河:巴拿马,长82公里,1881—1914年。

京杭大运河:中国,长1797公里,公元前486年,吴王夫差首次在扬州开挖邗沟,沟通了长江和淮河。

(三)航线

航线有广义和狭义的定义。广义的航线是指船舶航行起讫点的线路。狭义的航线是船舶航行在海洋中的具体航迹线,也包括画在海图上的计划航线。

1.按性质来划分

(1)推荐航线:航海者根据航区不同季节、风、流、雾等情况,长期航行实践形成的习惯航线,以航海图书的形式推荐给航海者。

(2)协定航线:某些海运国家或海运单位为使船舶避开危险环境,协商在不同季节共同采用的航线。

(3)规定航线:国家或地区为了维护航行安全,在某些海区明确过往船舶必须遵循的航线。

2.按所经过的航区分

(1)大洋航线。

(2)近海航线。

(3)沿岸航线。

(四)航次

1.航次的概念

船舶为完成某一次运输任务,按照约定安排的航行计划运行,从出发港到目的港为一个航次。船舶航次生产活动可以归纳为以下几个方面。

(1)航次是船舶运输生产活动的基本单元,是航运企业考核船舶运输生产活动的投入与产出的基础。

(2)航次是船舶从事客货运输的一个完整过程,即航次作为一种生产过程,包括装货准备、装货、海上航行、卸货等完成客货运输任务的各个环节。

(3)船舶一旦投入营运,所完成的航次在时间上是连续的,即上一个航次的结束,意味着下一个航次的开始,除非船舶进坞维修。如果航次生产活动中遇有空放航程,则应从上航次船舶在卸货港卸货完毕时算起;如果遇有装卸交叉作业,则航次的划分仍应以卸货完毕时为界。

(4)报告期内尚未完成航次,应纳入下一报告期内计算,即年度末或报告期末履行的航次生产任务,如果需要跨年度或跨报告期才能完成,则该航次从履行时起占用的时间和费用都需要转入下一年度或下一报告期内进行核算。

(5)航次的阶段:

①预备航次阶段:指船舶开往装货港的阶段。

②装货阶段:指船舶抵达并停靠装货港,等待泊位和装载货物的整个阶段。

③航行阶段:指船舶离开装货港开往卸货港的整个阶段。

④卸货阶段:指船舶抵达卸货港,等待泊位和停靠码头卸货的整个阶段。

2.影响航次时间的主要因素

与航次时间关系密切的主要因素分别为:航次距离、装卸货量、船舶航速和装卸效率。对于航运管理人员来说,应通过对上述因素的分析与研究,寻找缩短航次时间的途径,加速船舶周转率,提高船期经济性。

1)航次距离

在既定的航次生产活动中,当装卸货量、船舶航速和装卸效率不变时,如果航次距离长,则航行所需的时间就长,进而导致整个航次的时间相对较长。缩短航次时间的通常途径有以下两种。

(1)合理地选择安全、经济的驾驶航线。

(2)合理地利用通航水域内的季风海流等。

2)装卸货量

在既定的航次生产活动中,当航次距离、船舶航速和装卸效率不变时,如果装卸货量大,则船舶泊港作业所需的时间将延长,进而导致整个航次的时间相对较长。对此,航运经营人缩短航次时间的通常做法是：

(1)及时地安排好船舶到港前的开工准备工作。

(2)船舶在港的基本作业与辅助作业同时并举等。

3)船舶航速

在既定的航次生产活动中,当航次距离、装卸货量和装卸效率不变时,如果船舶航速高,则船舶的航行时间就短,进而整个航次所需的时间也将缩短。但是,提高船舶的航速,意味着将大幅度提高船舶的燃料费用,从船期的经济性方面来考虑往往是不可取的。因此,航运经营人应另辟蹊径,从以下各方面着手来提高船舶的速度性能：

(1)加强船舶动力装置的维护保养。

(2)定期铲底,使船舶水下部分保持清洁流畅,减少船舶的运动阻力。

(3)正确积载,防止船舶前倾。

(4)合理选择燃料,使船舶的热工效率得到充分利用等。

4)装卸效率

在既定的航次生产活动中,当航次距离、装卸货量和船舶航速不变时,如果港口的装卸效率高,则船舶的泊港时间就短,进而整个航次所需的时间也将缩短。对此,航运经营人缩短航次时间的通常做法是：

(1)在船舶挂靠的基本港口尽量使用岸吊和高效率装卸机械。

(2)尽量安排船舶挂靠专业化码头。

(3)加强码头作业现场的调度疏港力量。

(4)提前做好装卸准备工作,减少辅助作业的次数等。

(五)港口

港口(见图4-9)是位于沿海、内湖或河口的水陆运输转运的场所,一方面为船舶服务,另一方面为陆运工具服务,是国内外贸易的集散地,是海运的始、终点。港口必须有安全停泊船舶的海面,称为港湾;还有可供船舶泊靠、旅客货物上下船的泊位和码头;有货物装卸储转、船舶修理、油水供应、航行标识等设备。

图4-9 港口

1.港口的分类

(1)商港：主要供旅客上下和货物装卸转运的港口。

(2)渔港：专为渔船服务的港口。

(3)工业港:固定为某一工业企业服务的港口。
(4)军港:专供海军舰船使用的港口。
(5)避风港:供大风情况下船舶临时避风的港口。

2.港口的组成

港口由水域和陆域两大部分组成。水域是供船舶进出港,以及在港内运转、锚泊和装卸作业使用的,因此要求它有足够的水深和面积,水面基本平静,流速和缓,以便船舶的安全操作。陆域是供货物的装卸、堆存和转运使用的,因此陆域必须有适当的高度、岸线长度和纵深,以便在这里安置装卸设备、仓库和堆场、铁路、公路,以及各种必要的生产、生活设施等。

港口的组成如图4-10所示。

图4-10 港口的组成

(1)水域是港口最主要的组成部分,它又可分为位于港池之外的港外水域和位于港池之内的港内水域。

①港池一般指码头附近的水域,它需要保证足够的水深,以保证最大吃水量的进港船舶靠泊;此外还要具有足够宽广的水域,使船舶有足够的操纵余地。

②锚地是供船舶抛锚候潮、等候泊位、避风、办理进出口手续、接收船舶检查或过驳装卸等提供停泊作用的水域,锚地也要求有足够的水深,使抛锚船舶即使在较大风浪所引起的升沉与摇摆情况下仍有足够的富裕水深。

③航道指的是船舶进出口航道,为保证安全通航,航道必须有足够的水深与宽度,不能弯曲度过大。

(2)码头与泊位。

供船舶停靠,以便货物装卸的水工建筑物称为码头。供船舶停泊的位置称为泊位。

①一个港口可以有多个码头,以适应不同类型、不同吨位或需要特殊装卸工艺的船舶(如散货船、集装箱船、油船等)靠岸。码头岸线是水域和地域交接的地域,构成码头岸线的码头建筑物是一切港口不可缺少的水工建筑物。

②港内码头布置方式,大致可分为平行式和突堤式两种,即横码头和直码头。

③横码头指与岸线平行,或沿岸建造驳岸的码头,既可护岸,又可作为码头使用。

④直码头指伸入水中,与岸垂直或成斜角的码头。

海港平面示意图如图4-11所示。

3.港口的通过能力

港口通过能力是指在一定的时期和条件下,利用现有的工人、装卸机械与工艺所能装卸货物的最大数量。对于国际航运管理人员来说,应从以下几个方面来了解和掌握有关港口的通过能力。

(1)港口水域面积:主要是了解该港口同时能接纳的船舶数。

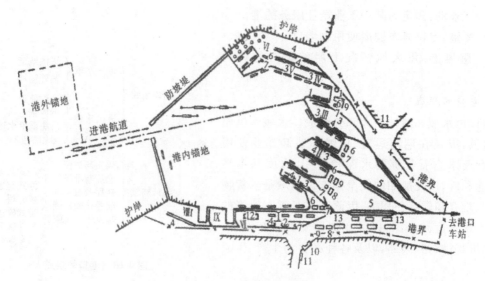

图 4-11 海港平面示意图

Ⅰ～Ⅶ—码头；Ⅷ—工作船码头及航修站；Ⅸ—工程维修基地；1—导航标志；2—港口仓库；3—露天货场；
4—铁路装卸线；5—铁路分区调车场；6—作业区办公室；7—作业区工人休息室；8—工具库房；
9—车库；10—港口管理局；11—警卫室门；12—客运站；13—储存仓库

(2)港口水深：主要是了解该港口所能接纳的船舶吨位。

(3)港口的泊位数：主要是了解该港口同时能接纳并进行装卸作业的船舶数。

(4)港口作业效率：主要是了解船舶将在该港口的泊港时间。

(5)港口库场的堆存能力：库场的堆存能力将会影响到港口通过能力，从而影响船舶周转的速度。

(6)港口后方的集疏运能力：港口后方有无一定的交通网和一定的集疏运能力，不仅将影响到港口的通过能力，而且影响到船舶的周转时间。

4.世界及我国主要港口

(1)世界主要港口：荷兰的鹿特丹港，美国的纽约港、新奥尔良港和休斯敦港，日本的神户港和横滨港，比利时的安特卫普港，新加坡的新加坡港，法国的马赛港，英国的伦敦港等。

(2)我国的主要港口：上海港、大连港、秦皇岛港、天津港、青岛港、黄埔港、湛江港、连云港港口、烟台港、南通港、宁波港、温州港、福州港、北海港、海口港等。

四、班轮运输的概念

班轮运输又称作定期船运输，是指按照规定的时间表在一定的航线上，以既定的挂港顺序、有规则地从事航线上各港间货物运送的船舶运输。

五、班轮运输的形式

1.五定班轮

五定班轮是船舶严格按照预先公布的船期表运行，到离港口的时间基本上固定不变，即定航线、定船舶、定挂靠港、定到发时间、定运价的班轮运输。

2. 弹性班轮

弹性班轮是船舶运行虽有船期表,但船舶到离港口的时间可有一定的伸缩性,并且航线上虽有固定的始发港和终点港,但中途挂港则视货源情况可以有所增减,也即所谓的定线不严格定期的班轮。

六、班轮运输的特点

(1)船舶按照固定的船期表,沿着固定的航线和港口来往运输,并按相对固定的运费率收取运费。

(2)运费内已包括装卸费用,货物由承运人负责配载装卸。

(3)船货双方的权利、义务、责任、豁免,以船方签发的提单条款为依据。

(4)班轮承运的货物品种、数量比较灵活,货运质量较有保证,且一般采取在码头仓库交接货物,故为货主提供了较便利的条件。

七、经营班轮运输必须具备的条件

(一)须配置技术性能较高、设备齐全的船舶

船公司要在班轮航线上维持正常的经营,就需要配置一定数量的船舶,以保持一定的发船密度。同时,为了满足不同货载对运输的要求,例如冷藏货、贵重货、重大件和少量液体散装货物等运输要求,就要求配置的船舶技术性能高、设备比较齐全。例如需要有冷藏舱、贵重物品舱、能装运液体散货的深舱和负荷量较大的装卸设备,为了便于不同港口各种货物的装载与分隔,保证货运质量,船舶的货舱应有多层甲板等。

(二)需要租赁专用码头和设备、设立相应的营业机构

经营班轮运输时,为尽量减少船舶在港时间和节约港口费用支出,船公司通常需要在一些基本的挂靠港口租赁专用码头和装卸作业设备。同时,为了争取和保证获得尽可能多的货载,船公司一般需要在一些基本的挂靠港口或有关地区设立相应的营业机构。

(三)需要给船舶配备技术和业务水平较高的船员

班轮船舶载运的主要是件杂货,品种繁多,货物的特性和包装形式差异很大,挂靠港口较多,装卸作业频繁,通常一艘船舶一个航次载运数百票甚至上千票货物,而且又分属许多不同的货主,对货物在舱内的积载和保管都有具体不同的要求,稍有疏忽,就可能造成货损货差事故。为了航行安全和货运质量的需要,班轮船舶应配备受过专业培训且货运技术和业务水平都比较高的船员,尤其需要配备有丰富经验的管理人员。

(四)需要有一套适用于小批量接受货物托运的货运程序

由于班轮船舶所承运的货物种类多、批量小,且分属许多不同的货主,班轮承运人也不可能与每一个托运人分别签订运输合同、洽商运输条件,更不能要求每一个托运人都将货物送至船边直接装船或由收货人在船边提取货物。因此,班轮运输要求其经营人建立起一套适用于小批量接受货物托运的货运程序,以保障稳定的货源和兜揽零星的货物。

八、班轮运输承运人与托运人的责任划分

(1)班轮运输承运人是指班轮运输合同中承担提供船舶并负责运输的当事人。

(2)托运人是在班轮运输合同中委托承运人运输货物的当事人。

(3)承运人同托运人责任和费用的划分界限一般在船上吊杆所能达到的吊钩底下,换言之,托运人将货物送达吊钩底下后就算完成交货任务,然后由承运人负责装船。

(4)风险的划分一般以船舷为界,即货物在装运港越过船舷以前发生的风险由托运人负责,越过船舷以后的风险由承运人负责。

(5)承运人最基本的义务是按合理的期限将货物完整无损地运到指定地点,并交给收货人。

(6)托运人的基本义务是按约定的时间、品质和数量准备好托运的货物,保证船舶能够连续作业,并及时支付有关费用。

九、船期表

(一)班轮船期表的作用

(1)招揽航线途经港口的货源,既满足货主的需要,又体现班轮公司的服务质量。

(2)有利于船舶、港口、货物之间的及时衔接,缩短船舶在挂靠港的停留时间,加快货物的送达速度,提高港口作业的效率。

(3)有利于提高船公司航线经营的计划质量。

(二)班轮船期表的主要内容

班轮船期表主要内容包括:航线、船名、航次、始发港、中途港、终点港,到达与驶离各港的时间,以及有关注意事项。

各班轮公司由于情况不同,编制公布的船期表也各有差异。实力雄厚的班轮公司的班轮密度大、航线多。近洋班轮与集装箱班轮有较为精确的船期表,而远洋班轮由于航线长、挂港多、航区气象海况复杂,在编制船期表时对船舶运行的时间必然留有余地。

十、班轮运输费用的计算

(一)班轮运费的构成

(1)班轮公司运输货物所收取的运输费用,是按照班轮运价表的规定计收的。班轮运价表一般包括说明及有关规定、货物分级表、航线费率表、附加费表、冷藏货及活牲畜费率表等。目前,我国海洋班轮运输公司使用的"等级运价表",即将承运的货物分成若干等级,每个等级的货物有一个基本费率,称为"等级费率表"。

(2)班轮运费包括基本运费和附加费两部分,前者是指货物从装运港到卸货港所应收取的基本运费,它是构成全程运费的主要部分;后者是指对一些需要特殊处理的货物,或者突然事件的发生或客观情况变化等原因而需要另外加收的费用。

(二)基本运费计收标准

在班轮运价表中,根据不同的商品,班轮运费的计算标准通常采用下列几种。

1. 按货物毛重(重量吨)计收

按此计算的基本运费等于计重货物的运费吨乘以运费率。运价表内用"W"表示。

2. 按货物的体积(尺码吨)计收

按此法计算的基本运费等于容积货物的运费吨乘以运费率。运价表中用"M"表示。

上述计费的重量吨和尺码吨统称为运费吨,又称计费吨,按照国际惯例、容积货物是指每公吨的体积大于 1.1328 立方米(40 立方英尺)的货物;而我国的远洋运输运价表中则将每公吨的体积大于 1 立方米的货物定为容积货物。

3. 按毛重或体积计收

由船公司选择其中收费较高的作为计费吨,运价表中以"W/M"表示。

4. 按货物价格计收

按货物价格计收又称为从价运费。运价表内用"A·V"表示。从价运费一般按货物的离岸价格(FOB)价格的一定百分比收取。按此法计算的基本运费等于资物的离岸价格乘以从价费率,一般为 1%～5%。

(1)在货物重量、尺码或价值三者中选择最高的一种计收。运价表中用"W/M or adval"表示。

(2)按货物重量或尺码最高者,再加上从价运费计收。运价表中以"W/M plus adval"表示。

(3)按每件货物作为一个计费单位收费。如活牲畜按"每头"(per head),车辆按"每辆"(per unit)收费。

(4)临时议定价格。临时议定价格即由货主和船公司临时协商议定。此类货物通常是低价的货物或特大型的机器等。在运价表中此类货物以"open"表示。

(三)附加费

(1)超重附加费。超重附加费指货物单件重量超过一定限度而加收的费用。

(2)超长附加费。超长附加费指单件货物长度超过规定长度而加收的费用。

> **小贴士**
>
> 各班轮对超重或超长货物的规定不一。我国中国远洋运输(集团)公司规定每件货物 5 吨或 9 米以上时,加收超重或超长附加费。超重货一般以吨计收,超长货按运费吨计收。无论是超重、超长或超大件,托运时都须注明。如船舶须转船,每转船一次,加收一次附加费。

(3)选卸附加费。选卸附加费指装货时尚不能确定卸货港,要求在预先提出的两个或两个以上港口中选择一港卸货,船方因此而加收的附加费。所选港口限定为该航次规定的挂港,并按所选港中收费最高者计算各种附加费。货主必须在船舶抵达第一选卸港前(一般规定为 24 小时或 48 小时)向船方宣布最后确定的卸货港。

(4)转船附加费。转船附加费指凡运往非基本港的货物,须转船运往目的港,船舶所收取的附加费,其中包括转船费(包括换装费、仓储费)和二程运费。但有的船公司不收此项附加费,而是分别另收转船费和二程运费,这样收取一程、二程运费再加转船费,即通常所谓的"三道价"。

(5)直航附加费。直航附加费指非运往非基本港的货物达到一定的数量,船公司可安排直航该港而不转船时所加收的附加费。一般直航附加费比转船附加费低。

(6)港口附加费。港口附加费指船舶需要进入港口条件较差、装卸效率较低或港口船舶费用较高的港口及其他原因而向货方增收的附加费。

(7)港口拥挤附加费。港口拥挤附加费指有些港口由于拥挤,致使船舶停泊时间增加而加收的附加费。该项附加费随港口条件改善或恶化而变化。

(8)燃油附加费。燃油附加费指因燃油价格上涨而加收一绝对数或按基本运价的一定百分比加收的附加费。

(9)货币贬值附加费。货币贬值附加费指在货币贬值时,船方为保持其实际收入不致减少,按基本运价的一定百分比加收的附加费。

(10)绕航附加费。绕航附加费指因战争、运河关闭、航道阻塞等原因造成正常航道受阻,必须临时绕航才能将货物送达目的港需要增加的附加费。

(1)除以上各种附加费外,还有一些附加费需要船货双方议定。如洗舱费、熏舱费、破冰费、加温费等。各种附加费是对基本运价的调节和补充,可灵活地对各种外界不测因素的变化做出反应,是班轮运价的重要组成部分。

(2)附加费的计算一般有两种规定:一是以基本运费率的百分比表示;二是用绝对数字表示,取每运费吨增收若干元。

(四)班轮运费的计算

1.班轮运费的具体计算步骤

(1)先根据货物的英文名称,从货物分级表中,查出有关货物的计算等级及其计算标准。

(2)从航线费率表中查出有关货物的基本费率。

(3)计算基本运费。

(4)计算各项需要支付的附加费。

(5)计算运费。

2.计算公式

$$F = F_b + \sum S$$

在公式中,F 表示运费总额;F_b 表示基本运费;S 表示某一项附加费。基本运费是所运货物的数量(重量或体积)与规定的基本费率的乘积,即

$$F_b = fQ$$

在公式中,f 表示基本费率;Q 表示货运量(运费吨)。

附加费是指各项附加费的总和。其公式为

$$\sum S = (S_1 + S_2 + \cdots + S_n)F_b = (S_1 + S_2 + \cdots + S_n)fQ$$

其中 $S_1, S_2, \cdots, S_n$ 为各项附加费,用 F_b 的百分数表示。

上海运往肯尼亚蒙巴萨港口"门锁"一批货物,共计100箱。每箱体积为20厘米×30厘米×40厘米。每箱重量为25公斤。当时燃油附加费为40%。蒙巴萨港口拥挤附加费为10%。

中国—东非航线等级费率表见表4-3。

表 4-3 中国—东非航线等级费率表　　　　　　　　　　（单位：港元）

货名	计算标准	等级（CLASS）	费率（RATE）
农业机械	W/M	9	404.00
棉布及棉织品	M	10	443.00
小五金及工具	W/M	10	443.00
玩具	M	20	1120.00

十一、班轮运输主要单据

（一）货物出（进）口委托书

委托人向代办人（对外贸易运输公司）提出代办海运进出口货物国内港口接交和国内代运业务，双方签订货物出（进）口委托书（见图 4-12）作为交接、代运工作中双方责任划分的依据。

货物出（进）口委托书

ENTRUSTING OF APPLICATION FOR EXPORT(INPORT)GOODS

ENTRUSTING NO._____

托运人Shipper	
收货人Consignee	
通知人Notify	

标记及号码 MARKS&NO.	件数 Quantity	货名 Description of Goods	毛重（千克） Gross Weight	尺码（立方米） Measurement

货物起运地 Goods to be Delivered From	至港口运输工具 Forwarded to The Port By

装货港 Port of Loading	卸货港 Port of Discharge	装船期 Date of Shipment

可否转船 Transshipment	可否分批 Partial Shipment	运费支付 Freight Payable at

委托单位：（盖章）　　　　　　　　　　受托单位：（盖章）

地址：　　　　　　　　　　　　　　　　地址：

电话：　　　　　　　　　　　　　　　　电话：

日期：　　　　　　　　　　　　　　　　日期：

图 4-12 货物出（进）口委托书

(二)托运单

托运单(见图4-13)俗称"下货纸",是托运人根据贸易合同和信用证条款内容填制的,向承运人或其代理办理货物托运的单证。承运人根据托运单内容,并结合船舶的航线、挂靠港、船期和舱位等条件考虑,认为合适后,即可接受托运。

中国远洋运输公司
CHINA OCEAN SHIPPING CO.

托运单
BOOKING NO _____ B/N NO._____

船名　　　　　　　　　　航次　　　　　　　　　　目的港
Vessel Name _____ Voy _____ For _____

托运人
Shipper _____

收货人
Consignee _____

通知
Notify _____

标记及号码 MARKS&NO.	件数 Quantity	货名 Description of Goods	毛重(千克) GrossWeight	尺码(立方米) Measurement

共计件数(大写) Total Number of Packages in Writing	
可否转船(Transshipment)	可否分批(Partial Shipment)
装船期(Date of Shipment)	运费支付(Freight Payable at)
委托单位(Entrusting)	日期(Date)

图 4-13　托运单

(三)装货单

装货单(见图4-14)是接受了托运人提出装运申请的船公司,签发给托运人,凭以命令船长将承运的货物装船的单据。

 小贴士

装货单既可用作装船依据,又是货主凭以向海关办理出口货物申报手续的主要单据之一,所以装货单又称"关单",对托运人而言,装货单是办妥货物托运的证明。对船公司或其代理而言,装货单是通知船方接受装运该批货物的指示文件。

中国远洋运输公司
CHINA OCEAN SHIPPING CO.

装货单
SHIPPING ORDER   S/O NO._____

船名   航次   目的港
Vessel Name_____   Voy_____   For_____

托运人
Shipper_____

收货人
Consignee_____

通知
Notify_____

兹将下列完好状况之货物装船并签署收货单据
Received on board the under mentioned goods apparent in good order and condition and sign the accompanying receipt for the same

标记及号码 MARKS&NO.	件数 Quantity	货名 Description of Goods	毛重（千克） Gross Weight	尺码（立方米） Measurement
共计件数（大写） Total Number of Packages in Writing				

日期   时间
Date_____   Time_____

经办员
Approved By_____

图 4-14 装货单

（四）收货单

收货单（见图 4-15）又称大副收据，是船舶收到货物的收据及货物已经装船的凭证。船上大副根据理货人员在理货单上所签注的日期、件数及舱位，并与装货单进行核对后，签署大副收据。托运人凭大副签署过的大副收据，向承运人或其代理人换取已装船提单。

（五）提单

提单（见图 4-16）是指证明海上运输活动成立，承运人已接管货物或已将货物装船并保证在目的地交付货物的单证。

> **小贴士**
>
> 提单是一种货物所有权凭证。提单持有人可据以提取货物，也可凭此向银行押汇，还可在载货船舶到达目的港交货之前进行转让。

（六）提货单

提货单（见图 4-17）是收货人凭正本提单或副本提单随同有效的担保向承运人或其代理人换取的、可向港口装卸部门提取货物的凭证。

中国远洋运输公司
CHINA OCEAN SHIPPING CO.

收货单
MATE'S RECEIPT　　　M/R NO._____

船名　　　　　　　　　航次　　　　　　　　目的港
Vessel Name _____ Voy _____ For _____

托运人
Shipper _____

收货人
Consignee _____

通知
Notify _____

下列完好状况之货物业已受托无损
Received on board the following goods apparent in good order and condition

标记及号码 MARKS&NO.	件数 Quantity	货名 Description of Goods	毛重（千克） GrossWeight	尺码（立方米） Measurement

共计件数（大写）
Total Number of Packages in Writing

日期　　　　　　　　　　时间
Date_____　　Time_____

装入何舱
Stowed _____

实收
Received _____

理货员签名　　　　　　　　大副
Tallied_____　　Chief officer_____

图 4-15　收货单

十二、班轮运输货运程序

（一）揽货

揽货是指从事班轮运输经营的船公司为使自己所经营的班轮运输船舶能在载重量和舱容上得到充分利用，力争做到"满舱满载"，以期获得最好的经营效益而从货主那里争取货源的行为。揽货的实际成绩如何，直接影响班轮船公司的经营效益，并关系着班轮经营的成败。为了揽货，班轮公司首先要为自己所经营的班轮航线，船舶挂靠的港口及其到、发时间制定船期表，分送给已经建立起业务关系的原有客户，并在有关的航运期刊上刊载，使客户了解公司经营的班轮运输航线及船期情况，以便联系安排货运，争得货源。

（二）订舱与接受托运

订舱是指托运人或其代理人向承运人，即班轮公司或它的营业所或代理机构等申请货物运输，承运人对这种申请给予承诺的行为。承运人与托运人之间不需要签订运输合同，而是以口头或订舱函电进行预约，只要船公司对这种预约给予承诺，并在舱位登记簿上登记，即表明承托

BILL OF LADING

Shipper(托运人)		B/L NO.（提单号）
Consignee(收货人)		COSCO 中国远洋运输公司 CHINA OCEAN SHIPPING CO.ORIGINAL 直运或转船 DIRECT OR WITH TRANSHIPMENT
Notify (通知)		
Place of Receipt（接货地）	Vessel（船名）	
Voy（航次）	Port of Loading（装货港）	
Port of Discharge（卸货港）	Place of Delivery（交货地）	

Marks（标志）	NO. of Packages（包装与件数）	Description of Goods（货名）	Gross Weight（毛重）	Measurement（尺码或体积）

Total Number of Packages(in words)
[合计件数（大写）]

Freight and Charges（运费和其他费用）：	In witness Where of, the Carrier or his Agents has signed Bills of Loading（ ）all of this tenor and date, one of Which being accomplished, the others to stand void. 为证明以上各节，承运人或其代理人已签署本提单一式　　份，其中一份经完成提货手续，其余各份失效
Place and Date of Issue（签发地点与日期）	By（承运人）

图 4-16　提单

双方已建立有关货物运输的关系。

（三）备货报检

　　凡列入商检机构规定的"种类表"中的商品及根据信用证、贸易合同规定由商检机构出具证书的商品，托运人均需在出口报关前，填写"出口检验申请书"申请商检，取得合格的检验证书。

（四）货物交接

　　对普通货物，在班轮运输中，为了提高装船效率，减少船舶在港停泊时间，不致延误班期，都采用集中装船的方式。集中装船是指由船公司在各装货港指定装船代理人，在各装货港的指定地点（通常为码头仓库）接受托运人送来的货物，办理交接手续后，将货物集中并按货物的卸货次序进行适当分类，以便装船。同时，船公司应将编制好的装货清单及时递交理货方、港方、装船代理人、船代等，以利于相关方做好装船、进出库场和船舶积载计划等工作。

中国远洋运输公司
CHINA OCEAN SHIPPING CO.
提 货 单
DELIVERY ORDER

_____港区、场、站   D/O NO._____

收货人 通知人	下列货物已办妥手续，运费结清，准予交付收货人		
船名	航次	起运港	目的港
提单号	交付条款		到付运费
抵港日期	箱数		第一程运输
卸货地点	进场日期		进口状态
标记与集装箱号、铅封号	货物名称	件数与包装	质量/kg	体积/m³
请核对放货	中国远洋运输公司 年 月 日		
凡属法定检验、检疫的进口商品，必须向有关监督机构申报			
收货人章		海关章	

图 4-17　提货单

（五）出口报关

货物在港区集中后，把编制好的出口货物报关单连同装货单、发票、装箱单、商检证等有关单证向海关申报出口，经海关关员查验合格后，即在装货单上盖章放行，货物方可装船。

（六）装船

装船是指托运人应将其托运的货物送至码头承运船舶的船边并进行交接，然后将货物装到船上。如果船舶是在锚地或浮筒作业，托运人还应负责使用自己的或租用的驳船将货物驳运至船边办理交接后将货物装到船上，亦称直接装船。对一些特殊的货物，如危险品、冷冻货、鲜活货、贵重货多采用船舶直接装船。而在班轮运输中，为了提高装船效率，减少船舶在港停泊时间，不致延误船期，通常都采用集中装船的方式，集中装船是指由船公司在各装货港指定装船代理人，在各装货港的指定地点（通常为码头仓库）接受托运人送来的货物，办理交接手续后，将货物集中并按货物的卸货次序进行适当的分类后再进行装船。

（七）换取提单与结汇

货物装车完毕，托运人即向收货人发出装船通知，并即可凭收货单向船公司或其代理换取已装船提单。托运人凭已装船提单和备齐合同或信用证规定的结汇单证，在合同或信用证规定的议付有效期内，向银行交单，办理结汇手续，提取货款。

(八)海上运输

海上承运人对装船货物负有安全运输、保管、照料的责任,并根据货物提单条款划分与托运人之间的责任、义务和权利。

(九)卸货

卸货是指将船舶所承运的货物在卸货港从船上卸下,并在船舶交给收货人或代其收货的人和办理货物的交接手续。船公司在卸货港的代理人根据船舶发来的到港电报,一方面编制有关单证联系安排泊位和准备办理船舶进口手续,约定装卸公司,等待船舶进港后卸货,另一方面要把船舶预定到港的时间通知收货人,以便收货人及时做好接收货物的准备工作,如进口报关等。在班轮运输中,为了使分属于众多收货人的各种不同的货物能在船舶有限的停泊时间内迅速卸完,通常都采用集中卸货的办法,即由船公司所指定的装卸公司作为卸货代理人总揽卸货以及向收货人交付货物的工作。

误　卸

卸货时,船方和装卸公司应根据载货清单和其他有关单证认真卸货,避免发生差错,然而由于众多原因难免会发生将本应在其他港口卸下的货物卸在本港,或本应在本港卸下的货物遗漏未卸的情况,通常将前者称为溢卸,将后者称为短卸。溢卸和短卸统称为误卸。关于因误卸而引起的货物延迟损失或货物的损坏转让问题,一般在提单条款中都有规定,通常规定因误卸发生的补送、退运的费用由船公司负担,但对此而造成的延迟交付或货物的损坏,船公司不负赔偿责任。如果误卸是因标志不清、不全或错误,以及因货主的过失造成的,则所有补送、退运、卸货和保管的费用都由货主负担,船公司不负任何责任。

(十)交付货物

交付货物是指,在实际业务中船公司凭提单将货物交付给收货人的行为。具体过程是收货人将提单交给船公司在卸货港的代理人,经代理人审核无误后,签发提货单交给收货人,然后收货人凭提货单前往码头仓库提取货物,并与卸货代理人办理交接手续。交付货物的方式有仓库交付货物、船边交付货物、货主选择卸货港交付货物、变更卸货港交付货物、凭保证书交付货物等。货主选择卸货港交付货物是指,货物在装船时货主尚未确定具体的卸货港,待船舶开航后再由货主选定对自己最方便或最有利的卸货港,并在这个港口卸货和交付货物。变更卸货港交付货物是指在提单上所记载的卸货港以外的其他港口卸货和交付货物。凭保证书交付货物是指,收货人无法以交出提单来换取提货单提取货物,按照一般的航运惯例,常由收货人开具保证书,以保证书交换提货单,然后持提货单提取货物。

保　函

保函即保证书。为了方便,船公司及银行都印有一定格式的保证书。其作用包括凭保函交付货物,凭保函签发清洁提单,凭保函倒签预借提单等。在凭保函交付货物的情况下,收货人保证在收到提单后立即向船公司交回全套正本提单,承担应由收货人支付的运费及其他费用的责任;对因未提交提单而提取货物所产生的一切损失均承担责任,并表明对保证内容由银行与收货人一起负连带责任。凭保函签发提单则使得托运人能以清洁提单、已装船提单顺利地结汇。关于保函的法律效力,海牙规则和维斯比规则都没有做出规定。考虑到保函在海运业务中的实际意义和保护无辜的第三方的需要,汉堡规则第一次就保函的效力问题做出了明确的规定,保函是承运人与托运人之间的协议,不得对抗第三方,承运人与托运人之间的保函,只是在无欺骗第三方意图时才有效;如发现有意欺骗第三方,则承运人在赔偿第三方时不得享受责任限制,且保函也无效。

根据任务分组,角色扮演,情景模拟班轮运输过程。

1．知识准备

(1)班轮运输组织流程。

(2)班轮运输单据的填制与流转。

(3)班轮运输费用计算。

2．活动准备

(1)人员分工如下:

托运人:1人。

运单审核员:1人。

经办员:1人(货物接收员)。

理货员:1人(船边接货及装船人)。

大副:1人。

海关:2人(起运港海关和目的港海关各一人)。

提单签发人:1人。

目的港货物接收员:2人(提货单签发人、发货人)。

收货人:1人。

(2)资料准备:班轮运输的相关单据。

(3)其他准备:货物若干、托盘、托盘搬运车。

一、单项选择题

1．港口水域面积决定了该港(　　)。

A．能同时接纳的船舶艘数　　　　　　B．能接纳的船舶吨位

C．船舶将在该港的泊港时间　　　　　D．能同时接纳并进行装卸作业的船舶数

2．国际贸易中(　　)是最主要的运输方式。

A．远洋运输　　　B．沿海运输　　　C．内河运输　　　D．近海运输

3．港口水域最关键的是(　　)。

A．航道　　　　　B．面积　　　　　C．水深　　　　　D．流速

4．港口水深决定了该港(　　)。

A．能同时接纳的船舶艘数　　　　　　B．能接纳的船舶吨位

C. 船舶将在该港的泊港时间　　　　　D. 能同时接纳并进行装卸作业的船舶数
5. 港口作业效率决定了该港(　　)。
A. 能同时接纳的船舶艘数　　　　　　B. 能接纳的船舶吨位
C. 船舶将在该港的泊港时间　　　　　D. 能同时接纳并进行装卸作业的船舶数
6. 港口的泊位数决定了该港(　　)。
A. 能同时接纳的船舶艘数　　　　　　B. 能接纳的船舶吨位
C. 船舶将在该港的泊港时间　　　　　D. 能同时接纳并进行装卸作业的船舶数
7. 班轮运费应该(　　)。
A. 包括装卸费,但不计算滞期费和速遣费
B. 包括装卸费,但应计算滞期费和速遣费
C. 包括装卸费和滞期费,但不计算速遣费
D. 包括装卸费和速遣费,但不计算滞期费
8. 班轮运输中风险的划分一般以(　　)为界。
A. 承运人接受货物　　　　　　　　　B. 货物送达吊钩底下
C. 提单签发时　　　　　　　　　　　D. 船舷
9. 班轮运输中责任和费用的划分一般以(　　)为界。
A. 承运人接受货物　　　　　　　　　B. 货物送达吊钩底下
C. 提单签发时　　　　　　　　　　　D. 船舷
10. 我国的远洋运输运价表中将每公吨的体积大于(　　)立方米的货物定为容积货物。
A. 1.1328　　　　B. 1.15　　　　C. 1　　　　D. 1.8
11. 国际上远洋运输运价表中将每公吨的体积大于(　　)立方米的货物定为容积货物。
A. 1.1328　　　　B. 1.1324　　　　C. 1.1325　　　　D. 1.1326
12. (　　)也称为关单。
A. 装货单　　　　B. 收货单　　　　C. 提单　　　　D. 提货单
13. (　　)也称为大副收据。
A. 装货单　　　　B. 收货单　　　　C. 提单　　　　D. 提货单
14. (　　)俗称"下货纸"。
A. 装货单　　　　B. 收货单　　　　C. 托运单　　　　D. 提货单

二、多项选择题

1. 下列关于水路运输的特点,正确的是(　　)。
A. 运输能力大,可实现长距离运输
B. 水路运输劳动生产率高,运输成本低
C. 受自然条件影响大,风险大
D. 连续性很强,速度比较快
2. 水路运输按其航行的区域,大体上可划分为(　　)形式。
A. 远洋运输　　B. 沿海运输　　C. 内河运输
D. 国际运输　　E. 近海运输
3. 影响航次时间的主要因素有(　　)。
A. 航次距离　　B. 装卸货量　　C. 船舶航速　　D. 装卸效率

4.航线按所经过的航区可划分为(　　)。
A.大洋航线　　　　B.近海航线　　　　C.规定航线　　　　D.沿岸航线

5.航线按性质可划分为(　　)。
A.推荐航线　　　　B.近海航线　　　　C.规定航线　　　　D.协定航线

6.班轮运费由(　　)组成。
A.港口费　　　　　B.基本运费　　　　C.海运费　　　　　D.附加费

7.海运提单的作用是(　　)。
A.它是海运单据的唯一表现形式　　　　B.所有权凭证
B.货物的收据　　　　　　　　　　　　D.运输合同的证明

三、问答题

1.水路运输的形式主要有哪些？
2.水路运输货物的分类有哪几种？
3.水路运输必须具备哪些基础条件？
4.经营班轮运输应具备哪些条件？
5.班轮运输费用计算的步骤及注意事项是什么？
6.班轮运输各种单据填制时应该注意什么？
7.班轮运输的具体组织流程是什么？

上海某玩具厂(徐家汇128号)出口一批毛绒玩具给洛杉矶玩具销售公司(纽约路21号)，共100箱,总毛重为2.5吨,总体积为12立方米。由上海黄埔港装中国远洋运输(集团)公司(徐家汇180号)飞云河班轮至洛杉矶港。此时燃油附加费为40%,洛杉矶港拥挤附加费为20%,货币贬值附加费为10%。

接货地为黄埔港2号仓库;交货地为洛杉矶港4号仓库;付费方式为预付。

中国远洋运输公司班轮船期表见表4-1,上海—洛杉矶航线等级费率表见表4-2。

根据以上运输任务要求进行单据的填制,运输费用的计算,情景模拟。

海运提单

一、提单的性质与作用

(1)提单是承运人或其代理人签发给托运人的承运货物的收据。
(2)提单是承运人与托运人之间运输合同的证明,也是处理承托双方权利和义务的主要依据。
(3)提单是货物所有权的证明。

二、提单的种类

1.按货物是否装船分类

1)已装船提单(shipped B/L or board B/L)

已装船提单指货物已装上船后签发的提单。已装船提单凭大副装船后所签收货单签发。在贸易合同中,买方一般要求卖方提供已装船提单,因为已装船提单上有船名和装船日期,对收货人按时收货有保障。

2)收货待运提单(received for shipping B/L)

收货待运提单指承运人虽已收到货物但尚未装船时签发的提单。收货待运提单一般是托运人凭场站收据向承运人所换的。在L/C下不能议付,装船后由船公司加注船名、日期变成已装船提单。

2. 按运输方式分类

1)直达提单(direct B/L)

直达提单指货物自装货港装船后,中途不经换船直接驶到卸货港卸货而签发的提单。

2)转船提单(transhipment B/L)

转船提单指起运港的载货船舶不直接驶往目的港,须在转船港换装另一船舶运达目的港时所签发的提单。

3)联运提单(though B//L)

联运提单指货物需经两段或两段以上运输运达目的港,而其中有一段必须是海运,如海陆、海空联运或海海联运所签发的提单称为联运提单。所以转船提单实际上也是联运提单的一种。

4)多式联运提单(combined transport B/L,MT B/L)

多式联运提单指货物由海上、内河、铁路、公路、航空等两种或多种运输方式进行联合运输而签的适用于全程运输的提单。

3. 按提单抬头(收货人)分类

1)记名提单(straight B/L)

记名提单在收货人一栏内列明收货人名称,所以又称为收货人抬头提单。这种提单不能用背书方式转让,而货物只能交予列明的收货人。

2)不记名提单(bearer B/L)

不记名提单是在提单上不列明收货人名称的提单,谁持有提单,谁就可凭提单向承运人提取货物,承运人交货是凭单不凭人。

3)指示提单(order B/L)

指示提单上不列明收货人,可凭背书进行转让的提单。有利于资金的周转,在国际贸易中应用较普遍。在收货人栏中写"凭指示 to order _____"。指示提单有凭托运人的指示,凭收货人指示和凭进口方银行指示等,则分别需要托运人、收货人或进口方银行背书后方可转让或提货。

提单背书(endorsement)有空白背书和记名背书两种。

空白背书是由背书人(即提单转让人)在提单背面签上背书人单位名称及负责人签章,但不注明被背书人的名称,也无须取得原提单签发人的认可。指示提单一经背书即可转让,意味着背书人确认该提单的所有权转让。

记名背书除同空白背书需由背书人签章外,还要注明被背书人的名称。如被背书人再进行转让,必须再加背书。

4. 按有无批注分类

1)清洁提单(clear B/L)

清洁提单指货物装船时表面状况良好,一般未经加添明显表示货物及/或包装有缺陷批注的提单。在对外贸易中,银行为安全起见,在议付货款时均要求提供清洁提单。

2)不清洁提单(unclear B/L)

不清洁提单指承运人在提单上已加注货物及/或包装状况不良或存在缺陷等批注的提单。除非经买方授权,否则银行不接受。

5. 按提单格式分类

1)全式提单(long form B/L)

全式提单指最常用的既有正面内容又在背面印有承运人与托运人的权利、义务等详细条款的提单。

2)简式提单(short form B/L)

简式提单指仅保留全式提单正面的必要内容,而没有背面条款的提单。

6. 按商业习惯分类

1)过期提单(stale B/L)

过期提单指卖方向当地银行交单结汇的日期与装船开航的日期相距太长,以致银行按正常邮寄提单预计收货人不能在船到达目的港前收到的提单。根据《跟单信用证统一惯例》规定,在提单签发日期后21天才向银行提交的提单为过期提单。

2)倒签提单(anti-date B/L)

倒签提单指承运人应托运人的要求,签发提单的日期早于实际装船日期,以符合信用证对装船日期的规定,便于在该信用证下结汇。

3)预借提单(advanced B/L)

预借提单指因信用证规定装运日期和议付日期已到,货物因故而未能及时装船,由托运人出具保函,要求承运人签发的已装船提单。若信用证未规定最迟装运日期,银行将不接受表明装运日期迟于信用证的到期日的提单。

4)顺签提单(post-date B/L)

顺签提单指货物装船完毕后,承运人应托运人的要求,以晚于该票货物实际装船完毕的日期作为签发提单的日期,以符合有关合同关于装船日期的规定。此外,还有舱面提单(on deck B/L)或称甲板货提单,指货物装载于船舶露天甲板,并注明"甲板上"字样的提单。货代提单(house B/L),由货运代理人(无船承运人)签发的提单。货运提单往往是货物从内陆运出并运至内陆时签发的。这种提单从技术上和严格的法律意义上说,是缺乏提单效力的。

三、提单的内容与缮制

(1)提单的名称:必须注明"提单"(bill of lading)字样。

(2)提单的份数:整套正本提单注有份数。应当按照信用证规定办理,如信用证规定:全套提单(full set B/L 或 complete set B/L)是指承运人签发提单正本,通常为一份、两份或三份。如信用证要求"2/3 original B/L",即指承运人签发提单正本三份,受益人凭全套正本提单其中的两份办理结汇。

(3)托运人(shipper)的名称和营业所:此栏填写出口商,信用证没有特殊规定时应填写信用证受益人(benificiary)的名称和地址,如果信用证要求以第三者为托运人必须按信用证的要求予以缮制。

(4)收货人(consignee)的名称:收货人的指定关系到提单能否转让,以及货物的归属问题,收货人名称一栏必须按信用证的规定填写。例如,信用证规定提单做成"made out to order",则打"order"一字;"made out to order of the issuing bank"则打"order of ×××Bank(开证行全名)"如信用证规定提单直接做成买主(即申请人)或开证行的抬头,则不可再加"order of"两字。

(5)通知方(notify party):须注有符合信用证规定的名称和地址、电话号码等。被通知人即进口方或进口方的代理人。

(6)海运船只(ocean vessel):本栏按实际情况填写承担本次运输货物的船舶的名称和航次。若是收妥待运提单,待货物实际装船完毕后记载船名。

(7)装货港(port of loading):本栏填写货物的实际装船的港口名称,即启运港。

(8)卸货港(port of discharge):本栏填写海运承运人终止承运责任的港口名称。在单式海运即港对港(装货港到卸货港)运输方式下,只需在装货港、海轮名及卸货港三栏内正确填写;如在中途转船(transshipment),转船港(port of transshipment)的港名,不能打在卸货港(port of discharge)栏内。需要时,只可在提单的货物栏空间打明"在××(转船港)转船""with transshipment at ××。""港口"和"地点"是不同的概念。有些提单印有"收货地点"和"交货地点/最后目的地"等栏目,供提单用作"多式联运"或"联合运输"运输单据时用。单式海运时不能填注。否则会引起对运输方式究竟是单式海运抑或多式联运的误解。提单上印有"前期运输由"(pre carriage by)栏也为"多式联运"方式所专用,不能作为转船提单时标明第一程海轮名称的栏目。只有做多式联运运输单据时,方在该栏内注明"铁路""卡车""空运"或"江河"等运输方式。

(9)标志和号码(marks and numbers):又称唛头,是提单与货物联系的主要纽带,是收货人提货的重要依据,必须按信用证或合同的规定填写。如无唛头规定时可注明:"no marks"(N/M)。

(10)包装种类和件数,货名(number and kind of packages,description of goods):此栏按货物是散装货、裸装货和包装货的实际情况填写。

(11)毛重和尺码(gross weight and measurement):此栏填写各货物的毛重和体积(尺码)。

(12)合计件数(total number of container or packages):此栏填写货物的毛重总数和体积总数(必须用大写)。提单上关于货物的描述不得与商业发票上的货物描述不一致,货物件数应按实际包装名称填写。

(13)运费和其他费用(freight and charges):此栏填写运费及额外的附加费用。

(14)运费支付地点(freight payable at):此栏按信用证的规定填写。

(15)签单地点和日期(place and date of Issue):提单签发地为装运港所在城市的名称,签发日期为货物交付承运人或装船完毕的日期。

(16)提单的签发:提单必须由船长或承运人或承运人的代理人签字盖章。提单正面须标明承运人(carrier)的全名及"carrier"一词以表明其身份。提单正面未做如上表示,且由代理人(forwarder)行签署提单时,则在签署处必须标明签署人的身份。提单的签发应以收货单(M/R,件杂货)或场站收据(D/R,集装箱)为依据。

(17)提单右上方的 B/L NO.是承运人或其代理人按承运人接受托运货物的先后次序或按舱位入货的位置,公司内部对提单的编号。

(18)提单有印就"已装船"字样的,无须加"装船批注";如印就"收妥待运"字样的则必须再加"装船批注",并加上装船日期。

(19)提单印有"intended vessel""intended port of loading""intended port of discharge"及/或其他"intended…"等不肯定的描述字样者,则必须加注"装船批注",其中须把实际装货的船名、装货港口、卸货港口等项目标明,即使与预期(intended)的船名和装卸港口并无变动,也需重复打印出。

(20)提单不能有"不洁净"批注(unclean clause),即对所承载的该批货物及其包装情况有缺陷现象的批注。

(21)关于转船,根据信用证要求填制。

(22)提单上的任何涂改、更正须加具提单签发者的签章。

四、提单正面条款

(1)确认条款:上列外表情况良好的货物(另有说明者除外)已装在上列船上并应在上列卸货港或该船所安全到达并保持浮泊的附近地点卸货。

(2)不知条款:重量、尺码、标志、号数、品质、内容和价值是托运人所提供的,承运人在装船时并未核对。

(3)承诺条款:托运人、收货人和本提单的持有人兹明白表示接受并同意本提单和它背面所载的一切印刷、书写或打印的规定、免责事项和条件。

(4)签署条款:为证明以上各节,承运人或其代理人已签署本提单一式×份,其中一份经完成提货手续后,其余各份失效。

模块二 租船运输

(1)熟悉租船运输的特点。
(2)熟悉租船运输的运行方式。
(3)熟悉租船运输的组织流程。
(4)会计算租船运输的费用。

工作任务

(1)分析总结租船运输的组织流程。
(2)计算租船运输的费用。

领任务

出口A公司与海运B公司签订了一份租船合同,租用B公司的"黎明"号,从中国防城港装运60 000吨袋装白糖至俄罗斯那霍德卡港,运费每吨23美元,装卸效率为按工作日6000吨/天(节假日除外),装卸准备就绪通知书于2012年11月5日(星期一)下午发出,在11月21日(星期三)上午10点装完,12月3日(星期一)到港并于下午发出装卸准备就绪通知书,12月14日(星期五)下午2点卸完。规定:滞期费为3500美元一天,速遣费为滞期费的一半,由租船人承担货物装卸,运费按实际数量计算。

要完成该任务可采取何种租船方式?要如何计算费用?应该如何组织?

一、租船运输的概念

租船运输又称作不定期船运输,是相对于定期船,即班轮运输而言的另一种国际航运经营方式。由于这种经营方式需要在市场上寻求机会,没有固定的航线和挂靠港口,也没有预先制定的船期表和费率表,船舶经营人与需要船舶运力的租船人是通过洽谈运输条件、签订租船合同来安排运输的,故称之为"租船运输"。

二、租船运输的基本特点

(1)租船运输的营运组织取决于各种租船合同。船舶经营人与船舶承租人双方首先须签订租船合同才能安排船舶营运,合同中除了需要规定船舶的航线、载运的货物种类及停靠的港口外,还需要具体订明双方的权利和义务。一般由船东与租方通过各自或共同的租船经纪人洽谈成交租船业务。

(2)租船运输的运费或租金水平的高低,直接受租船合同签订时的航运市场行情波动的影响。世界的政治经济形势、船舶运力供求关系的变化,以及通航区域的季节性气候条件等,都是影响运费或租金水平高低的因素。

(3)租船运输中的有关船舶营运费用及开支,取决于不同的租船方式,由船舶所有人和船舶承租人分担,并在租船合同中订明。

(4)不定航线,不定船期。船东对船舶的航线、航行时间和货载种类等按照租船人的要求来确定。

(5)租船运输主要服务于专门的货运市场,承运大宗类货物(如谷物、油类、矿石、木材、砂糖、化肥、磷灰土等),并且一般都是整船装运的。

(6)各种租船合同均有相应的标准合同格式。一般由船东与租方通过各自或共同的租船经纪人洽谈成交租船业务。

三、租船方式的种类

(一)航次租船

航次租船,又名"程租船",是一种由船舶所有人向租船人提供特定的船舶,在特定的两港或数港之间从事一个特定的航次或几个航次承运特定货物的方式。简单地说,对这种方式可用四个"特定"来概括,即特定的船舶、特定的货物、特定的航次、特定的港口。

航次租船是租船市场上最活跃的一种方式,且对运费水平波动最为敏感。在国际现货交易市场上成交的绝大多数货物都是通过航次租船方式来运输的。

1.航次租船的形式

(1)单航次租船。

(2)来回程航次租船。

(3)连续单航次或连续来回程航次租船。

2.航次租船的特点

(1)船舶的营运调度由船舶所有人负责,船舶的燃料费、物料费、修理费、港口费、淡水费等营运费用也由船舶所有人负担。

(2)船舶所有人负责配备船员,负担船员的工资、伙食费。

(3)航次租船的"租金"通常称为运费,运费按货物的数量及双方商定的费率计收。

(4)在租船合同中需要订明货物的装、卸费由船舶所有人或承租人负担,用于装、卸时间的计算方法,并规定延滞费和速遣费的标准及计算办法。

(二)定期租船

定期租船又称为"期租船",是指由船舶所有人按照租船合同的约定,将一艘特定的船舶在约定的期间,交给承租人使用的租船。

这种租船方式不以完成航次数为依据,而以约定使用的一段时间为限。在这个期限内,承租人可以利用船舶的运载能力来安排运输货物,也可以用以从事班轮运输,以补充暂时的运力不足,还可以以航次租船方式承揽第三者的货物,以取得运费收入。当然,承租人在租期内还可以将船舶转租,以谋取租金差额的收益。关于租期的长短,完全由船舶所有人和承租人根据实际需要洽商而定。

定期租船方式的主要特点如下。

(1)船长由船舶所有人任命,船员也由船舶所有人配备,并负担他们的工资和给养,但船长应听从承租人的指挥,否则承租人有权要求船舶所有人予以撤换。

(2)营运调度由承租人负责,并负担船舶的燃料费、港口费、货物装卸费、运河通行费等与营运有关的费用,而船舶所有人则负担船舶的折旧费、维修保养费、船用物料费、润滑油费、船舶保险费等船舶维持费。

(3)租金按船舶的载重吨、租期长短及商定的租金率计算。

(4)合同中订立有关于交船和还船,以及关于停租的规定。

(三)包运租船

包运租船又称为"运量合同",是指船舶所有人提供给承租人一定的运力,在确定的港口之间,以事先约定的时间、航次周期和每航次较均等的货运量完成合同规定总运量的租船方式。

包运租船方式的主要特点如下。

(1)包运租船合同中不确定船舶的船名及国籍,仅规定船舶的船级、船龄和船舶的技术规范等,船舶所有人只需比照这些要求提供能够完成合同规定每航次货运量的运力即可,这对船舶所有人在调度和安排船舶方面是十分灵活、方便的。

(2)租期的长短取决于货物的总量及船舶航次周期所需的时间。

(3)船舶所承运的货物主要是运量特别大的干散货或液体散装货物,承租人往往是业务量大和实力强的综合性工矿企业、贸易机构、生产加工集团或大石油公司。

(4)船舶航次中所产生的时间延误的损失风险由船舶所有人承担,而对船舶在港装、卸货物期间所产生的延误,则通过合同中订有的"延滞条款"的办法来处理,通常是由承租人承担船舶在港的时间损失。

(5)运费按船舶实际装运货物的数量及商定的费率计收,通常按航次结算。

(四)光船租船

光船租船又称为"船壳租船",是指在租期内船舶所有人只提供一艘空船给承租人使用,而配备船员、供应给养、船舶的营运管理以及一切固定或变动的营运费用都由承租人负担的租船。

光船租船方式的主要特点如下。

(1)船舶所有人只提供一艘空船。

(2)全部船员由承租人配备并听从承租人的指挥。

(3)承租人负责船舶的经营及营运调度工作,并承担在租期内的时间损失,即承租人不能"停租"。

(4)除船舶的资本费用外,承租人承担船舶的全部固定的及变动的费用。

(5)租金按船舶的装载能力、租期及商定的租金率计算。

这种租船不具有运输承揽的性质,只相当于一种财产租赁。船舶所有人在租期内除了收取租金外,不再承担任何责任和费用。因此,一些不愿经营船舶运输业务,或者缺乏经营管理船舶经验的船舶所有人也可将自己的船舶以光船租船的方式出租。虽然这样的出租利润不高,但船舶所有人可以取得固定的租金收入,对回收投资是有保证的。虽然光船租船的租期一般都比较长,但是,国际上以这种方式达成的租船业务并不多。

四、租船业务流程

租船业务流程主要包括询盘、报盘、还盘、接受和签订租船合同等五个环节。

(一)询盘

询盘又称询价,通常由承租人以期望条件,通过租船经纪人寻求租用所需要的船舶,即货求船。询盘也可由出租人通过船舶经纪人向航运交易市场发出求货信息,即船求货。

租船经纪人

租船经纪人是指在租船业务中代表船舶所有人和承租人进行磋商租船业务的人。国际上,通过租船经纪人洽谈租船业务的方式主要有两种。

(1)由船舶所有人和承租人分别指定的租船经纪人进行洽谈。

(2)由船舶所有人和承租人共同指定同一租船经纪人进行洽谈。

租船经纪人接受船舶所有人或承租人的委托,代办租船交易的谈判和签订租船合同后将从船舶所有人那里取得一定的报酬。这种报酬称为佣金。

(二)报盘

报盘也称报价或发盘,是出租人对承租人询盘的回应。报盘又分实盘与虚盘。实盘为报盘条件不可改变,并附加时效的硬性报价;虚盘则是可磋商、修改的条件报价。报价内容主要是关于租金的水平、选用的租船合同范本及范本条款的修改和补充等。

在"硬性报价"的情况下,常附有有效期规定,询价人必须在有效期内对报价人的报价做出接受订租的答复,超过有效期,这一报价即告失效。

在"条件报价"的情况下,报价人可以与询价人反复磋商、修改报价条件,报价人也有权同时向几个询价人发出报价。

(三)还盘

还盘又称还价,是指在条件报价的情况下,询价双方通过平等谈判、协商、讨价还价的过程。

(四)接受

接受又称受盘,是指双方通过反复多次还盘后,最后达成一致意见即可成交。

(五)签订租船合同

按租船合同范本予以规范,进行编制,明确租船双方的权利和义务,双方当事人签署后即可生效。

标准租船合同范本

船公司在经营不定期船时,每一笔交易均需和租方单独订立合同。为了各自的利益,在订立合同时,必然要对租船合同的条款逐项推敲。这样势必造成旷日持久的谈判,不利于迅速成交。为了简化签订租船合同的手续,加快签约的进程和节省为签订租船合同而发生的费用,也为了能通过在合同中列入一些对自己有利的条款,以维护自己一方的利益,在国际航运市场上,一些航运垄断集团、大的船公司,或货主垄断组织,先后编制了供租船双方选用、作为洽商合同条款基础的租船合同范本。租船合同范本中罗列了事先拟就的主要条款。为了便于商定租船合同的双方通过函电对范本中所列条款进行修改,每一租船合同范本都为范本的名称规定了代码,为每一条款编了代号,并在每一行文字前(或后)编了行次。这样在签订租船合同的过程中,只需在函电中列明所选用范本的代码、指明对第×款第×行的内容增、删、改的意见,就能较快地拟就双方所同意的条款。虽然采用租船合同范本可以极大地方便租船合同条款的拟订,但是由于这些范本多数是由船舶所有人一方或代表船舶所有人一方利益的某些航运垄断集团单方面制定的,许多条款都不会对承租人一方有利,这是在选用租船合同范本时不得不考虑的问题。租船合同范本的种类很多,标准航次租船合同代表范本有"金康"(gencon),定期租船合同代表范本"纽约土产"(nype),光船租船合同代表范本有"光租"(barecon)。

五、航次租船运输费用计算

航次租船运输费用主要包括航次租船运费、装卸费、速遣费、滞期费等。

(一)航次租船运费

航次租船运费指货物从装运港至目的港的海上基本运费。

(1)按运费率:根据货物实际数量收取(货物实际数量乘以合同规定的运输费率)。

(2)整船包价:根据船舶的载重量收取整船费,不管实际装多少货物。

(二)装卸费

(1)船方负担装卸费用(gross/liner/berth terms)。
(2)船方管装不管卸(F.O.)。
(3)船方管卸不管装(F.I.)。
(4)船方不管装和卸(F.I.O.)。
(5)船方不管装、卸和平舱费(F.I.O.S.T.)。

(三)装卸时间、滞期费和速遣费

1. 装卸时间(装卸期限)

1)定义

装卸时间指租船人承诺在一定期限内完成装卸作业。它是程租船合同的一项重要内容。

2)装卸时间的起算和止算

一般规定自船长递交"装卸准备就绪通知书"后下一个工作日上午8点算起,止算时间以最后一件货物装上和卸下为准。

3)计算方法

(1)按日或连续日或时。
(2)按工作日(通常标明节假日除外)。
(3)按晴天工作日。
(4)连续24小时晴天工作日。

2. 滞期费

在规定的装卸期间内,如果租船人未能完成装卸作业,为了弥补船方的损失,对超过的时间租船人应向船方支付一定的罚款。

3. 速遣费

如果租船人在规定的装卸期限内,提前完成装卸作业,则对所节省的时间船方要向租船人支付一定的奖金。速遣费一般为滞期费的一半。

根据任务计算租船运费。

出口A公司与海运B公司签订了一份租船合同,从中国黄埔港装运80 000吨袋装白糖至美国芝加哥港,运费每吨23美元,装卸效率为按工作日16 000吨(节假日除外),装卸准备就绪通知书于2011年5月9日(星期一)下午发出,在5月13日上午10点装完,5月30日(星期一)到港并于下午发出装卸准备就绪通知书,6月9日下午2点卸完(其中6月6日是端午节)。规定:滞期费为3500美元一天,速遣费为滞期费的一半,由租船人承担货物装卸,运费按实际数量计算。

勤思考

一、单项选择题

1. 航次租船又称为( )。
   A. 程租船   B. 期租船   C. 运量合同   D. 船壳租船

2. 定期租船又称为（　　）。
A. 程租船　　　　B. 期租船　　　　C. 运量合同　　　　D. 船壳租船
3. 包运租船又称为（　　）。
A. 程租船　　　　B. 期租船　　　　C. 运量合同　　　　D. 船壳租船
4. 光船租船又称为（　　）。
A. 程租船　　　　B. 期租船　　　　C. 运量合同　　　　D. 船壳租船
5. 不具有运输承揽的性质，只相当于一种财产租赁的租船方式是（　　）。
A. 航次租船　　　B. 定期租船　　　C. 包运租船　　　D. 光船租船
6. （　　）是租船市场上最活跃的一种方式，且对运费水平波动最为敏感。在国际现货交易市场上成交的绝大多数货物都是通过它来运输的。
A. 航次租船　　　B. 定期租船　　　C. 包运租船　　　D. 光船租船
7. 包运租船在很大程度上类似于（　　）。
A. 航次租船　　　B. 定期租船　　　C. 包运租船　　　D. 光船租船

二、多项选择题
1. 租船运输的方式主要有（　　）。
A. 航次租船　　　B. 定期租船　　　C. 定价租船
D. 包运租船　　　E. 光船租船
2. 航次租船具有（　　）。
A. 特定的船舶　　B. 特定的港口　　C. 特定的运价
B. 特定的航次　　E. 特定的货物

三、问答题
1. 租船运输的特点是什么？
2. 各种租船运输方式的区别有哪些？
3. 航次租船运输费用计算的注意事项是什么？
4. 租船运输的具体组织流程是什么？

展身手

A公司与B公司签订了一份航次租船合同，租用B公司的船从中国宁波港装运80 000吨袋装白糖至美国纽约港，运费每吨80元，装卸效率为按工作日8000吨/天（节假日除外），装货准备就绪通知书于2011年4月5日（星期二）下午发出，在4月22日上午12点装完，5月3日（星期二）到港并于下午发出装卸准备就绪通知书，5月13日下午2点卸完。

规定：滞期费为9000元一天，速遣费为滞期费的一半，由租船人承担货物装卸，运费按实际数量计算。

根据任务计算完成该航次租船运输的总费用。

项目五
航空货物运输

HANGKONG HUOWU YUNSHU

目标与要求

最终目标：

能组织航空货物运输。

促成目标：

(1) 能组织班机运输。

(2) 能组织包机运输。

工作任务

(1) 组织班机运输。

(2) 组织包机运输。

任务书

项目模块	工作任务	课时
模块一 班机运输	1. 分析总结班机运输的组织流程	10
	2. 计算班机运输的费用	
	3. 填制班机运输的单据	
	4. 情景模拟班机运输的过程	
模块二 包机运输	1. 分析总结包机运输的组织流程	2
	2. 计算包机运输的费用	

模块一 班机运输

学习目标

(1) 熟悉航空货物运输的组织方法。

(2) 熟悉班机运输的组织流程。

(3) 能准确填制班机运输的单据。

(4) 能准确计算班机运输的费用。

(5) 能情景模拟班机运输的过程。

工作任务

(1) 分析总结班机运输的组织流程。

(2) 计算班机运输的费用。

(3) 填制班机运输的单据。

(4) 情景模拟班机运输的过程。

2011年4月6日中国对外贸易运输总公司(浦东新区26号)受两个托运人的委托,用东方航空公司的MU5605航班(4月8日)从上海浦东机场运往美国芝加哥机场。芝加哥机场由中国对外贸易运输总公司芝加哥分公司(芝加哥78号)负责接运。

(M:420.00 N:51.69 Q:38.71 +100:35.89 1美元=6.425 8元人民币)

托运人及托运货物具体信息表见表5-1。

表5-1 托运人及托运货物具体信息表

托运人名称及地址	货物名称及件数	毛重/千克	体积/立方米	声明价值/元	收货人名称及地址
周先生(徐家汇27号)	DELL电脑配件2箱	42.8	0.25	6000	郑女士(芝加哥56号)
张女士(闸北区58号)	精密电子仪器3箱	52.3	0.3	8000	石先生(芝加哥88号)

要完成该任务可采取航空的何种运输方式?要如何计算费用?单据怎么填制?应该如何组织?

一、航空货物运输当事人

在航空货物运输业务中,涉及的有关当事人主要有发货人、承运人、代理人、地面运输公司和收货人等。

(一)航空公司

航空公司自身拥有飞机从事航空运输活动。航空公司的货运业务一般只负责空中运输,即从一个机场运至另一机场的运输。多数航空公司经营定期航班,有些则无定期航班,只提供包机运输。

(二)航空货运公司

航空货运公司又称空运代理。它是随航空运输的发展及航空公司运输业务的集中化而发展起来的服务性行业。

1. 航空货运公司的主要业务

航空货运公司的主要业务有出口货物和进口货物。

出口货物的业务包括:在始发站机场交给航空公司之间的揽货、接货、订舱、制单、报关和交运等。

进口货物的业务包括:在目的站机场从航空公司接货接单、制单、报关,送货或转运等。

(1)航空货运公司在经营进出口货运时可向货主提供以下服务。

①上门收、送货服务。

②订舱。

③报关。
④制作航空运单。
⑤办理保险、结汇及费用代付业务。
⑥办理货物转运业务。
⑦提供信息查询及货物跟踪服务。
(2)航空货运具有以下优点。
①使航空公司更能集中精力搞好空中运输业务而不必担心货源。
②方便货主,货主可以及时托运、查询、跟踪货物。
③将零散货物集中拼装,简便手续,降低运输成本。

2. 货运代理人的身份

航空运输代理公司的身份是根据具体情况确定的。

1)承运人身份

当货运代理人以自己的名义从不同的客户手中接受零散货物,并将这些零散货物集中起来以自己的名义与航空公司签订运输合同时,相对于其客户而言,他是空运缔约承运人。

(1)空运缔约承运人:指本身拥有或不拥有航空运输工具,以自己的名义,同旅客或者托运人,或与旅客或者托运人的代理人签订航空运输合同的人。缔约承运人的职责是保证按照合同约定的时间、地点履行运输任务,它可以亲自履行航空运输任务,也可以将全部或部分运输任务授权他人代为履行。

(2)空运实际承运人:指本身拥有航空运输工具,根据缔约承运人的授权,履行全部或部分航空运输合同任务的人,实际承运人在授权范围内的行为,由本人承担责任。

2)托运人身份

当货运代理人以自己的名义与航空公司签订运输合同时,相对于运输合同对方当事人而言,他是托运人,航空公司是承运人。

3)收货人身份

在目的地,货运代理人可以以自己的名义接受货物,同样可以成为收货人。

4)托运人的代理人

当货运代理人从不同的托运人手中接受货物,以托运人的名义与航空公司签订运输合同时,货运代理人是托运人的代理人,航空公司是承运人。

5)承运人的代理人

当货运代理人以承运人的名义与托运人签订运输合同并向托运人签发航空货运单,货运代理人是承运人的代理人。

3. 航空货运代理公司的类型

(1)一级代理公司:经营国际及中国香港、澳门、台湾地区航线的代理业务。
(2)二级代理公司:经营除中国香港、澳门、台湾地区航线外的国内航线的代理业务。

 小贴士

在业务操作中,一级代理是指可以直接从航空公司领运单,直接报关,交接的代理公司。非一级代理是指自己没有直接的地面交接权、报关权等权利的代理公司。这些公司的优势是拥有直接客户或者海外代理。一般海外代理指定货物比较多,是一级代理公司主要货源之一,这些公司有些和航空公司关系好的也可以直接和航空公司订舱位,拿优惠运价。这些公司拿的优惠运价甚至比一级代理的价格还要优惠,但是它们没有交接权,必须找一家一级代理公司挂靠,用别人的名义去交接。

在业务实践中,非一级代理承揽业务后通常再将货物转托给一类的航空运输代理公司签发航空分运单出运,从中赚取一定的佣金。因此,非一级代理与发货人之间是委托合同法律关系,而不是运输合同关系。在业务操作中,因非一级代理无法从航空公司拿到航空主运单,所以通常将其承揽的空运业务转托给一级代理,这种转委托一般不经过发货人的同意而自行安排。

(三)航空货物运输各有关当事人的责任划分

航空货物运输各有关当事人的责任划分如图5-1所示。

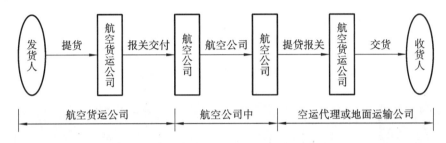

图5-1 航空货物运输各有关当事人的责任划分

二、航空货运的设备与设施

(一)航空器

航空器是指任何能借助空气的反作用力在大气层中飞行的飞行器,包括飞机、飞艇、气球等。这里的航空器最主要是指飞机。

1.飞机的类型

1)按机身尺寸分

(1)窄体飞机:指机身宽度约为3米,舱内只有一条通道,一般只能在下舱内装载包装尺寸较小的件杂货,如B737、B757、MD-80、MD-90、A320、A321等。

波音B757-200窄体飞机如图5-2所示。

(2)宽体飞机:指机身宽度不小于4.72米,舱内有两道通道,下舱可装机载集装箱,如B767、B747、MD-11、A340、A380(见图5-3)。

2)按机舱载货方式分

(1)全货机:全货机是指机舱全都用于装载货物的飞机。全货机一般为宽体飞机,主舱可装载大型集装箱。通常的商用大型全货机载重量在100吨左右。

全货机安-225如图5-4所示。

(2)客货两用机:普通客机,上舱(主舱)用于载客,下舱(腹舱)用于载货。

B747-400客货两用机如图5-5所示。

2.飞机的装载限制

1)重量限制

由于飞机结构的限制,飞机制造商规定了每一货舱可装载货物的最大重量限额。任何情况

图 5-2 波音 B757-200 窄体飞机

波音 B757-200 窄体飞机相关数据：翼展 38.05 米；机长 47.32 米；全机载客 239 人；货舱容积 43 立方米

图 5-3 A380 宽体飞机

A380 机身有 7 层楼高，载客数量达 555 人，拥有两层客舱和一层货舱，号称"空中巨无霸"，是目前世界上最宽、最高、载客量最大的飞机

图 5-4 全货机安-225

目前世界上最大的全货机安-225，高 18.2 米，长 84 米，内部最多可以装送 43 米长的货物，装载量达 250 吨

图 5-5 B747-400 客货两用机

B747-400 客货两用机相关数据：机长 70.70 米；翼展 66.44 米；机高 19.58 米；机宽（坐舱）6.1 米；货运重量：55 吨

下，所装载的货物重量都不可以用过此限额，否则，飞机的结构很有可能遭到破坏，飞行安全会受到威胁。

2）容积限制

由于货舱内可利用的空间有限，因此，这也成为运输货物的限定条件之一。

3）舱门限制

由于货物只能通过舱门装入货舱内，货物的尺寸必然会受到舱门的限制。为了便于确定一件货物是否可以装入出舱，飞机制造商提供了舱门尺寸表。

4）地板承受力

飞机货舱内每一平方米的地板可承受一定的重量，如果超过它的承受能力，地板和飞机结构很有可能遭到破坏，因此，装载货物时应注意不能超过地板承受力的限额。

3. 航空集装器（unit load devices，ULD）

装运集装器的飞机，其舱内设有固定集装器的设备，当集装器固定于飞机上时，这时集装器就成为飞机的一部分，所以飞机的集装器的大小有严格的规定。

1)按注册与非注册划分

(1)注册的飞机集装器:是指国家政府有关部门授权集装器生产厂家生产的,适宜于飞机安全载运的,在其使用过程中不会对飞机的内部结构造成损害的集装器。

(2)非注册的飞机集装器:是指未经有关部门授权生产的,未取得适航证书的集装器,非注册的集装器不能看作飞机的一部分。因为它与飞机不匹配,一般不允许装入飞机的主货舱。它仅适合于某些特定机型的特定货舱。

2)按用途分类

(1)集装板。集装板是具有标准尺寸的,四边带有卡销轨或网带卡销限,中间夹层为硬铝合金制成的平板,以使货物在其上码放。网套是用来把货物固定在集装板上,网套是靠专门的卡锁装置来固定。

(2)集装棚。

①非结构式集装棚:无底、前端敞开,套到集装板及网套之间。

②结构式集装棚:与集装板固定成一体,不需要网套。

(3)航空集装箱。航空集装箱(见图5-6)是指在飞机的底舱与主舱中使用的一种专用集装箱,与飞机的固定系统直接结合,不需要任何附属设备。

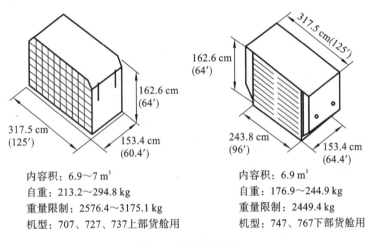

图 5-6　航空集装箱

(二)航空港

航空港是航空运输用飞机场及其服务设施的总称,通常也称飞机场或机场,分为飞行区、客货运输服务区和机务维修区三部分。

1.飞行区

为保证飞机安全起降的区域。内有跑道、滑行道、停机坪和无线电通信导航系统、目视助航设施及其他保障飞行安全的设施,在航空港内占地面积最大。飞行区上空划有净空区,是规定的障碍物限制面以上的空域,地面物体不得超越限制面伸入。限制面根据机场起降飞机的性能确定。

2.客货运输服务区

为旅客、货主提供地面服务的区域。主体是候机楼,此外还有客机坪、停车场、进出港道路系统等。货运量较大的航空港还专门设有货运站。客机坪附近配有管线加油系统。

3.机务维修区

机务维修区(见图 5-7)是指飞机维护修理和航空港正常工作所必需的各种机务设施的区域。区内建有维修厂、维修机库、维修机坪和供水、供电、供热、供冷、下水等设施,以及消防站、急救站、储油库、铁路专用线等。

(三)航线

飞机飞行的路线称为空中交通线,简称航线。飞机的航线不仅确定了飞机具体方向、起讫点和经停点,而且根据空中交通管制的需要,规定了航线的宽度和飞行高度,以维护空中交通秩序,保证飞行安全。航线可分为国际航线、国内航线和地区航线三大类。

图 5-7 机务维修区

(1)国际航线:指飞行的路线连接两个国家或两个以上国家的航线。在国际航线上进行的运输是国际运输,一个航班如果它的始发站、经停站、终点站有一点在外国领土上都称为国际运输。

(2)地区航线:在一国之内,各地区与有特殊地位地区之间的航线,如我国内地(大陆)与港、澳、台地区的航线。

(3)国内航线:在一个国家内部的航线,又可以分为干线、支线和地方航线三大类。

①干线航线是指连接北京和各省会、直辖市或自治区首府或各省、自治区所属城市之间的航线,如北京—上海航线、上海—南京航线、青岛—深圳航线等。

②支线航线则是指一个省或自治区之内的各城市之间的航线。

三、班机运输的概念

班机是指在固定的航线上定期航行的航班,即班机运输有固定始发站、目的站和途经站。按照业务对象不同,班机可分为客运航班和货运航班。客运航班一般采取客货混合型飞机,一方面搭载旅客,一方面又运送小批量货物;货运航班只承揽货物运输,一般使用全货机。但考虑到货源方面因素,货运航班一般只由一些规模较大的航空公司在货运量较为集中的航线上开辟。班机是指定期开航,定航线,定始发站、定目的港、定途经站的飞机。

四、班机运输的特点

(一)准确迅速

由于班机运输具有固定航线、固定的始发目的港、中途挂靠港,并具有固定的班期。它可以准确、迅速地将货物运送到目的港。

(二)方便货主

收发货人可以准确掌握货物的起运时间,对贸易合同的履行具有较高的保障。

(三)舱位有限

由于班机运输大多采用客货混合机型,随货运量季节的变化会出现舱位不足的现象,不能满足大批量货物及时出运的要求,往往只能分批运送。

五、航空货运的组织方法

(一)集中托运

集中托运是指航空货运代理人(也称集中托运人)将若干批单独发往同一方向的货物,组成一票货物交付给承运人,填写一份主运单,发到同一目的站,并由集中托运人在目的站的指定代理人(也称分拨代理人)收货、报关,再根据集中托运人签发的航空分运单将货物分拨给各实际收货人的运输方式。

1. 集中托运的具体做法

(1)将每一票货物分别制定航空运输分运单(house air way bill,HAWB)。

(2)将所有货物区分方向,按照其目的地相同的同一国家、同一城市来集中,向航空公司托运,与航空公司签订总运单。总运单的发货人和收货人均为航空货运代理公司。

(3)打出该总运单项下的货运清单(manifest),即此总运单有几个分运单,分运单包括各分运单号码,实际托运人与收货人、件数、重量等。

(4)把该总运单和货运清单作为一整票货物交给航空公司。一个总运单可视货物具体情况随附分运单(也可以是一个分运单,也可以是多个分运单)。如一个 MAWB 内有 10 个 HAWB,说明此总运单内有 10 票货,发给 10 个不同的收货人。

(5)货物到达目的地站机场后,当地的货运代理公司作为总运单的收货人负责接货、分拨,按不同的分运单制定各自的报关单据并代为报关,为实际收货人办理有关接货事宜。

(6)实际收货人在分运单上签收以后,目的站货运代理公司以此向发货的货运代理公司反馈到货信息。

2. 集中托运的特点

1)节省运费

航空货运公司的集中托运运价一般都低于航空协会的运价。发货人可得到低于航空公司运价,从而节省费用。

2)提供方便

将货物集中托运,可使货物到达航空公司到达地点以外的地方,延伸了航空公司的服务,方便了货主。

3)提早结汇

发货人将货物交与航空货运代代理后,即可取得货物分运单,可持分运单到银行尽早办理结汇。

集中托运方式已在世界范围内普遍开展,形成较完善、有效的服务系统,为促进国际贸易发展起了良好的作用,集中托运成为我国进出口货物的主要运输方式之一。

(二)航空快递

航空快递(air express)又称快件、快运或速递,是指具有独立法人资格的企业将进出境的货物从发货票人所在地通过自身的网络运达收货人的一种快速运输方式,是目前国际航空货运中最快捷的运输方式。

1. 航空快递的特点
(1)快递公司有完善的快递网络。
(2)航空快递业务以商务文件、资料、小件样品和小件货物为主。
(3)中间环节少,速度快于普通的航空货运。
(4)航空快递中使用一种比普通空运分运单应用更为广泛的交付凭证——POD。
(5)办理快递业务的大都是国际性的跨国公司,如 DHL、UPS、EMS 等。

2. 航空快递业务的主要形式
1)场到场的快递服务
发货人在航班始发站将货交给航空公司,然后发货人通知目的地的收货人到机场取货。采取这种方式的一般是海关当局有特殊规定的货物。

2)门到门(也称桌到桌)的快递服务
发货人需要发货时通知快递公司,快递公司立即派人到发货人的办公室取货,直接送交航空公司空运,然后通知目的地的快递公司或代理人,按时取货并按要求的时间将货送交收货人手中。送货后立即将货物交接时间及签收人姓名等情况通知发货人。

3)快递公司派人随机送货
随机送货是由专门经营该项业务的航空货运公司与航空公司合作,派专人用最快的速度,在货主、机场、用户之间传送急件的运输服务业务。

(三)联合运输

由于航线不能延伸到货主所需要的每一场所,就出现了与其他运输方式的联运,尤其是与陆运运输的联运。航空货物的联合运输方式主要是陆空联运,有火车—飞机—卡车的联合运输方式,简称 TAT(train-air-truck),或火车(卡车)—飞机的联合运输方式,简称 TA(train(truck)-air)。

1. 国内出口货物的联运方式
我国空运出口货物通常采用陆空联运方式。我国幅员辽阔,而国际航空港口岸只有北京、上海、广州等。虽然省会城市和一些主要城市每天都有班机飞往上海、北京、广州,但班机所带货量有限,费用比较高。如果采用国内包机,费用更贵。因此在货量较大的情况下,往往采用陆运至航空口岸,再与国际航班衔接。由于汽车具有机动灵活的特点,在运送时间上更可掌握主动,因此一般都采用 TAT 方式组织出运。

2. 外运分公司的具体做法
我国长江以南的外运分公司目前办理陆空联运的具体做法是用火车、卡车或船将货物运至香港,然后利用香港航班多,到欧洲美国运价较低的条件(普遍货物),把货物从香港运到目的地,或运到中转地,再通过当地代理,用卡车送到目的地。整个运输时间缩短,一般至欧洲用 15 天左右,且费用为正常班机运费的一半或 2/3。长江以北的公司多采用火车或卡车将货物送至北京、上海航空口岸出运。

> **小贴士**
>
> 经香港中转的陆空联运货物,发运前,要事前与香港的空运有限公司联系,满足他们对单证的要求,便于提前订舱。各地发货时,可使用外运公司的航空分运单,也可使用"承运货物收

据"。有关单据上要注明是转口货,要加盖"陆空联运"字样的标记,以加速周转和避免香港当局征税。

六、班机运输费用的计算

(一)计费重量

计费重量是按实际重量和体积重量两者之中较高的一个计算。也就是在货物体积小,重量大时,以实际重量作为计费重量;在货物体积大,重量轻的情况下,就以货物的体积重量作为计费重量。

1. 实际重量

实际重量是指一批货物包括包装在内的实际总重量。凡重量大而体积相对小的货物用实际重量作为计费重量。具体计算时,重量不足 0.5 公斤的按 0.5 公斤计;0.5 公斤以上不足 1 公斤的按 1 公斤计;不足 1 磅的按 1 磅计算(1 磅=0.453 6 公斤)。

2. 体积重量

货物体积大而重量相对小的称为轻泡货物。计算方法如下。
(1)分别量出货物的最长、最宽和最高的部分,三者相乘算出体积,尾数四舍五入。
(2)将体积折算成公斤(或磅)。
(3)国际航空货物运输组织规定在计算体积重量时,以 7000 立方米折合为 1 公斤。我国民航则规定以 6000 立方米折合为 1 公斤为计算标准。

$$体积重量 = 最长 \times 最宽 \times 最高 \div 6000(7000)$$

小贴士

计费重量是按货物的实际毛重和体积重量两者中较高的一个计算。当一批货物由几件不同货物所组成,如集中托运的货物,其中有重货也有轻泡货,其计费重量采用整批货物的总毛重或总的体积重量两者之中较高的一个计算。

(二)主要的航空货物运价率

1. 公布的航空货物运价率

1)普通货物运价率(general cargo rate,GCR)

一般普通货物运价率,以 45 公斤作为重量划分点,分为 45 公斤(或 100 磅)以下的普通货物运价,运价类别代号为"N",45 公斤及以上运价类别代号为"Q"。

小贴士

45 公斤以上可分为 100 公斤、300 公斤、500 公斤、1000 公斤、2000 公斤等,但运价类别代号都为"Q"。当一个较高的起码重量能提供较低运费时,则可使用较高的起码重量作为计费重量。

2)等级货物运价率(class cargo rate,CCR)

等级货物运价是指适用于规定地区或地区间指定等级的货物所适用的运价。等级货物运价是在普通货物运价的基础上增加或减少一定百分比而构成的。

(1)等级运价加价,运价代号"S"。

等级运价加价是按 45 公斤以下的普通货物的运价的 150%~200%计收,包括:活动物、急件、生物制品、珍贵植物和植物制品、活体动物、骨灰、灵柩、鲜活易腐物品、贵重物品、枪械、弹药、押运货物等。

(2)等级运价减价,运价代号"R"。

等级运价减价是按 45 公斤以下的普通货物运价的 50%计收,包括:报纸、杂志、书籍及出版物;作为货物托运的行李(无人押运行李的最低计费重量不得小于 10 公斤)。

3)特种货物运价(specific cargo rate,SCR)

特种货物运价,又称指定商品运价,运价代号"C",是始发地至指定的目的地而公布的适用于特定商品、特定品名的低于普通货物运价的某些指定商品的运价。

特种货物运价是由参加国际航空协会的航空公司根据在一定航线上有经常性特种商品运输的发货人的要求,或者为促进某地区的某种货物的运输,向国际航空协会提出申请,经同意后制定的。对于一些批量大、季节性强、单位价值低的货物,航空公司可申请建立指定商品运价。

小贴士

特种货物一般有最低计费重量的限制;运量较小时,当使用等级运价或普通货物运价计算出的运费低于按特种货物运价计算出的运费时,则可使用等级运价或普通货物运价。

4)起码运费

起码运费也称最低运费,是航空公司承运一批货物所能接受的最低运费,不论货物的重量或体积大小,在两点之间运输一批货物应收最低金额。起码运费的类别代号为"M"。它是航空公司在考虑办理一批货物,即使是一笔很小的货物,所必须产生的固定费用而制定的,当货物运价少于起码运费时,就要收起码运费。

小贴士

不同的国家和地区有不同的起码运费。中国民航的起码运费是按货物从始发港到目的港之间的普通货物运价 5 公斤运费为基础,或根据民航和其他国家航空公司洽谈同意的起码运费率征收的。

2.非公布的直达航空运价

如果甲地至乙地没有可适用的公布的直达运价,则要选择比例运价或利用分段相加运价。

1)比例运价(construction rate)

在运价手册上除公布的直达运价外还公布一种不能单独使用的附加数。当货物的始发地或目的地无公布的直达运价时,可采用比例运价与已知的公布的直达运价相加,构成非公布的直达运价。

2)分段相加运价(combination of rate)

所谓分段相加运价是指在两地间既没有直达运价也无法利用比例运价时可以在始发地与目的地之间选择合适的计算点,分别找到始发地至该点、该点至目的地的运价,两段运价相加组成全程的最低运价。

(三)声明价值费(valuation charges)

航空运输的承运人与其他运输方式的承运人一样,都向货主承担一定程度的责任。《华沙公约》对由承运人自身的疏忽或故意造成的货物损坏、残缺或延误规定了最高赔偿责任限额为

20美元每公斤或9.07英镑/每磅,或其他等值货币。如果货物的价值超过了上述值,就增加了承运人的责任,在这种情况下,发货人在交运货物时,必须向承运人声明货物的价值,并支付一定的费用,费率通常为0.5%,否则即使出现更多的损失,承运人对超出部分不承担赔偿责任。计算公式为:

声明价值费=(货物价值-货物毛重×20美元/公斤)×声明价值费费率(0.5%)

货物的声明价值是针对整件货物而言,不允许对货物的某部分声明价值,声明价值费的收取依据为货物的实际毛重。大多数航空公司在规定声明价值费率的同时,还要规定声明价值费的最低收费标准。如果根据上述公式计算出来的声明价值费低于航空公司的最低标准,则托运人要按照航空公司的最低标准缴纳声明价值费。

(四)其他附加费

其他附加费包括地面运费、中转手续费、制单费、货到付款附加费、提货费、送货费等。一般只有在承运人或航空货运代理人或集中托运人提供服务时才收取。

从上海至美国西雅图,瓷器的重量52.6公斤,体积为0.3立方米,其声明价值370 000元人民币。运价资料如下:(M:420.00 N:51.69 Q:38.71 1美元=4.356 8元)。求:航空运输总运费。

七、班机运输的组织流程

班机货物运输是指从发货人手中接货交给航空公司承运,直到交给收货人这一过程所需通过的环节、所需办理的手续以及必备的单据,通常这一操作过程委托航空货运代理人来完成。

小贴士

(1)托运人可以是货主,也可以是货运代理人。如采用集中托运,则通常托运人是货运代理人;如采用的是直接托运,托运人是货主。

(2)当托运的是某些特种货物时,如活动物、危险货物,必须由货主直接托运,航空公司不接受货运代理人的托运。

(一)申请委托

托运人即发货人,发货人在货物出口地寻找合适的航空货运公司,为其代理空运订舱、报关、托运业务。航空货运公司根据自己的业务范围,服务项目等接受托运人委托,并要求其填制航空国际货物托运书,以此作为委托与接受委托的依据,托运人应对托运书上所填内容及所提供与运输有关运输文件的正确性和完备性负责。航空国际货物托运书是托运人用于委托代理人填开航空货运单的一种表单,表单上列有填制货运单所需各项内容,并应印有授权于代理人代其在货运单上签字的文字说明。

委托时,发货人除应填制国际货物托运书(见图5-8),还应提供贸易合同副本、出口货物明细发票、装箱单以及检验检疫和通关所需的单证和资料给航空货运代理。

国际货物托运书 SHIPPER'S LETTER OF INSTRUCTION				
托运人姓名及地址 SHIPPER'S NAME AND ADDRESS	托运人账号 SHIPPER'S ACCOUNT NUMBER	航空货运单号码 AIR WAYBILL NUMBER		
^	^	航班FLIGHT		日期DATE
收货人姓名及地址 CONSIGNEE'S NAME AND ADDRESS	收货人账号 CONSIGNEE'S ACCOUNT NUMBER	运费 FREIGHT	预付PP	
^	^	^	到付CC	
^	^	其他费用 OTHER CHARGES	预付PP	
^	^	^	到付CC	
始发站 AIRPORT OF DEPARTURE	目的站 AIRPORT OF DESTINATION	供运输用声明价值 Declared Value for Carriage	供海关用声明价值 Declared Value for Customs	
代理人的名称和城市 Issuing Carrier's Agent Name and City		保险金额 AMOUNT OF INSURANCE		
^	^	另请通知ALSO Notify		
储运事项 Handling Information				

件数 NO.of Pieces	毛重（千克）Gross Weight	运价种类 Rate Class	商品代号 CommItem NO.	计费重量（千克）Chargeable Weight	费率 RATE/CHARGE	货物名称及数量（包括体积或尺寸）NATURE AND QUANTITY OF GOODS (INCL.DIMESION ORVOLUME)

托运人证明以上所填全部属实并愿遵守承运人的一切载运章程 THE SHIPPER CERTIFIES THAT THE PARTICULARS ON THE FACE HEREOF ARE CORRECT AND AGEES TO THE CONDITIONS OF CARRIAGE OF THE CARRIER. 托运或其代理人签字、盖章 SIGNATURE OF SHIPPER OR HIS AGENT	航空运费和其他费用 WEIGHT CHARGE AND OTHER CHARGE
^	承运或其代理人签字、盖章 SIGNATURE OF ISSUING CARRIER OR ITS AGENT
^	日期DATE

图 5-8 国际货物托运书

(二)受理委托

航空货运代理从发货人处取得单据后,应指定专人对单证进行认真核对,看看单证是否齐全,内容填写是否完整规范。核对无误后,接受托运委托。

(三)订舱

航空货运代理根据发货人的国际货物托运书填制订舱单(见图 5-9),向航空公司订舱,同时向发货人确认航班及相关信息。订舱一般要提前一周进行,用来确认价格,避免以后发生太大的波动而引起纠纷。一般来说,大宗货物、紧急物资、鲜活易腐货物、危险物品、贵重物品等,必须提前订舱。

Shipper's Name and Address 托运人姓名及地址		中国对外贸易运输总公司 China National Foreign Trade Transportation Corporation Beijing,China Tel: 86755 8214 1123 8214 Fax: 86755 8214 1033	
Consignee's Name and Address 收货人姓名及地址			
Carrier 航班	Airport of depature 起运地	FREIGHT 运费	PP 预付
			CC 到付
Airport of destination 目的地	Airline counter signature 航空公司加签 Yes No	OTHER CHARGES 其他费用	PP 预付
			CC 到付
Declared Value for Carriage 运输金额		Declared Value for Customs 报关金额	Insurance Amount 保险金额
Nature of Goods 货物名称	Quantity 数量	Gross Weight 毛重	Measure 尺码
Signature of Shipper or his Agent 订舱人签字/盖章		Agent 经手人	Date 日期

图 5-9 订舱单

(四)受理订舱

航空公司根据实际情况安排航班和舱位,并签发舱位确认书(舱单),同时给予集装器领取凭证,以表示舱位订妥。

(五)货物交接

航空货运代理向航空公司订舱后,向发货人确认航班信息,并通知发货人备货和确定交货时间。

货物一般是运送到航空货运代理仓库或直接送机场货站,接货时,双方应办理货物的交接、验收,并进行过磅称重和丈量,并根据发票、装箱单或送货清单清点货物,核对货物的数量、品名等是否与货运单所列一致,检查货物的外包装是否符合运输的要求。确认无误后签发航空分运单给发货人。

航空分运单(见图 5-10)是由航空运输代理公司在办理集中托运业务时签发给各个发货人的运单。货物到达目的站后,由航空货运代理公司在该地的分公司或其代理凭主运单向当地航空公司提取货物,然后按分运单分别拨交各收货人。所以发货人和收货人与航空公司不发生直接关系。

Airport of Departure				Airport of Destination			MASTER AIR WAYBILL NUMBER	
ROUTING AND DESTINATION							Not Negotiable Air Waybill Issued By 中国对外贸易运输总公司 China National Foreign Trade Transportation Corporation Beijing, China. Copies 1,2 and 3 of this Air Waybill are have the same validity	
TO	By First Carrier	TO	BY	TO	BY			
Consignee's Account Number				Consignee's Name and Address				
ALSO Notify							Executed on (date)	at (place)
Shipper's Account Number				Shipper's Name and Address				
							Signature of Issuing or its Agent	
Curr ency	WT/VAL		Other		Declared Value for Carriage		Declared Value for Customs	Amount of Insurance	Insurance
	PP	CC	PP	CC					
NO. of Pieces	Gross Weight	Kg/ Lb	Rate Class	Commodity Item NO.	Chargeable Weight	Rate	Weight Charge	Nature and Quantity of Goods (incl. Dimesions or Volume)
Handling Information								
	Weight Charge		Other Changes		Total Other Charges			
PP	Valuation Charge				Total prepaid			
	Weight Charge		Other Changes		Total Other Charges			
CC	Valuation Charge				Total Collect			

图 5-10 航空分运单

小贴士

航空货物包装和运输尺寸要求

1. 航空货物包装要求

(1)货物包装应当保证货物在运输过程中不致损坏、散失、渗漏,不致损坏和污染飞机设备或者其他物品。

(2)托运人应当根据货物性质及重量、运输环境条件和承运人的要求,采用适当的内、外包装材料和包装形式,妥善包装。精密、易碎、怕震、怕压、不可倒置的货物,必须有相适应的防止货物损坏的包装措施。

(3)严禁使用草袋包装或草绳捆扎。货物包装内不准夹带禁止运输或者限制运输的物品、危险品、贵重物品、保密文件和资料等。

2. 航空货物运输尺寸要求

(1)每件货物的长、宽、高之和不得小于 40 cm。

(2)非宽体飞机载运的货物,每件货物重量一般不超过 80 公斤,体积一般不超过 40 cm×60 cm×100 cm。

(3)宽体飞机载运的货物,每件货物重量一般不超过 250 公斤,体积一般不超过 100 cm×100 cm×140 cm。超过以上重量和体积的货物,承运人可依据机型及出发地和目的地机场的装卸设备条件,确定可收运货物的最大重量和体积。

(六)航空货运公司填制航空主运单

航空货运代理根据航空分运单填制航空主(总)运单(见图 5-11)。凡由航空公司签发的航空运单称为主(总)运单,每一批由航空运输公司发运的货物都须具备主运单。它是承运人办理该运单项下货物的发运和交付的依据,是航空公司与托运人之间订立的运输合同证明。航空主运单通常每套 12 联,其中正本 3 联,副本 9 联,每联上都注明该联的用途。

Shipper's Name and Address	Shipper's Account Number	NO. Not Negotiable 东方航空 MU Air Waybill Issued By: China Eastern Airlines
Consignee's Name and Address	Consignee's Account Number	Copies 1,2 and 3 of this Air Waybill are have the same validity
Issuing Carrier's Agent Name and City		It is agreed that the goods described herein are accepted in apparent good order and condition (except as noted) for carriage Shipper may increase such limitation of liability by declaring a higher value for carriage and paying a supplemental charge if requested
Agent's IATA Code	Account NO.	

图 5-11　航空主(总)运单

Airport of Departure						Account Information				
to	By First Carrier	to	by	to	by	Currency	Chgs Code	WT/VAL	Other	Declared Value for Carriage	Declared Value for Customs
								PP	CC	PP	CC		

Airport of Destination	Flight	Date	Amount of Insurance

Handling Information

NO.of Pieces	Gross Weight	Kg/Lb	Rate Class	Commodity Item NO.	Chargeable Weight	Rate/Charge	Tota	Nature and Quantity of Goods (incl. Dimesions or Volume)

Prepaid(Weight Charge)	Collect	Other Changes
Valuation Charge		
		Shipper certifies that the particulars on the face hereof are correct and that insofar as any part of the consignment contains dangerous goods, such part is properly described by name and is in proper condition for carriage by air according to the applicable Dangerous Goods Regulations
Tax		
Total Other Charges Due Agent		
Total Other Charges Due Carrier		
		Signature of Shipper or his Agent
Total prepaid	Total Collect	
Currency Conversion Rates	CC Charge in Dest. Currency	Executed on (date)	at (place)	Signature of Issuing or its Agent

续图 5-11

付款要求

(1)货物的运费可以预付,也可以到付。

①货物的运费和声明价值费,必须全部预付或全部到付。

②在运输始发站发生的其他费用,必须全部预付或全部到付。

③在运输途中发生的费用应到付,但某些费用,如政府规定的固定费用和机场当局的一些税收,如始发站知道时,也可以预付。

④在目的地发生的其他费用只能全部到付。

(2)托运人可用下列付款方式向承运人或其代理人支付运费。

①现金 CASH。

②支票 CHQ。

(七)出口报检报关

航空货运代理要了解货物是否需要商检,并对需要商检的货物进行报检办理,报检需要的相关证书应事先准备齐全。

航空货运代理派专业报关人员持航空主运单、装箱单、发票、报关委托书、出口合同副本、出口商品检验证书等去海关办理通关手续,海关审核无误后,海关官员在用于发运的航空主运单正本上加盖放行章。

(八)签单

航空主运单在盖好海关放行章后还需要到航空公司签单,只有签单确认后才允许将单、货交给航空公司。

(九)交接发运

交接发运是指向航空公司交单、交货,由航空公司安排运输。交单就是将随机单据和应有航空公司留存的单据交给航空公司;交货即把与单据相符的货物交给航空公司。

交货之前必须粘贴或拴挂货物标签,交货时根据货物标签清点和核对货物,填制货物交接清单。大宗货、集中托运货以整板、整箱称重交接,零散小货按票称重、计件交接。航空公司审单验货后,在交接清单上签字,并将货物存入出口仓库,单据交给吨控部门(对所属航线的舱位进行合理分配的控制机构),以备航空公司配舱。

(十)货物运输与跟踪

单、货交给航空公司后,航空公司可能会因各种原因,比如航班取消、延误、故障、改机型、错运、倒垛或装板不符合规定等,未能按预定时间运出,所以货运代理从单、货交给航空公司后,就需要对航班、货物进行跟踪,遇到不正常情况及时想办法处理。

(十一)货物到达与交接单、货

航空货物入境时,与货物相关的单据(航空主运单、发票和装箱单等)也随机到达,飞机和货物处于海关监管之下。货物卸下后,将货物存入航空公司或机场监管仓库,进行进口货物舱单录入,将主运单号、收货人、始发站、目的站、件数、重量、货物品名、航班号等信息通过计算机传输给海关留存,供报关用。

航空公司地面代理通知目的港航空货运代理,交接航空主运单、货物交接清单、随机文件、货物。

(十二)进口报检报关

航空货运代理将航空主运单、随机单证及始发站代理寄达的单证审核、编配,凡单证齐全、符合报关条件的即转入制单、报关程序,否则立即与货主联系,催齐单证,使之符合报关条件。如需要做商检的货物需要向商检局申报,查验合格后商检局出具证明文件,再进行进口报关程序。

(十三)提货

办完报检、报关等进口手续后,凭盖有海关放行章、检验检疫章的航空主运单到所属监管仓库提货。仓库发货时,需要检验运单上各类报关、报检章是否齐全,并登记提货人的单位、姓名、身份证号以确保发货安全。

(十四)货交收货人

通知收货人,收货人凭航空分运单到航空货运代理处领取货物。

根据任务分组角色扮演情景模拟班机运输过程。

1.知识准备

(1)班机运输的组织流程。

(2)班机运输单据的填制与流转。

(3)班机运输费用的计算

2.活动准备

(1)人员分工如下:

托运人:2人(周先生、张女士)。

空运代理:2人(上海、芝加哥各1人)。

航空公司人员:3人(驾驶员、上海、芝加哥各1人)。

海关:2人(上海、芝加哥各1人)。

收货人:2人(郑女士、石先生)。

(2)资料准备:班机运输的相关单据。

(3)其他准备:货物若干、托盘、托盘搬运车。

勤思考

一、单项选择题

1.(　　)是航空运输的最大优势和主要特点。

A.舒适　　　　B.灵活　　　　C.速度快　　　　D.单位运输成本高

2.在业务操作中,(　　)公司是指可以直接从航空公司领运单,直接报关,交接的代理公司。

A.一级代理　　　　B.二级代理　　　　C.三级代理　　　　D.以上都是

3.空运实际承运人只能由(　　)承担。

A. 航空货运公司　　B. 航空公司　　　　C. 托运人　　　　　D. 收货人
4. 由航空公司签发的航空运单均称为（　　）。
A. 航空分运单　　B. 航空主运单　　C. 航空货运单　　D. 国内航空分运单
5. 由航空货运公司在办理集中托运业务时签发给每一发货人的运单称为（　　）。
A. 航空分运单　　B. 航空主运单　　C. 航空货运单　　D. 国内航空分运单
6. 航空货物运输费用包括运费和（　　）。
A. 附加费　　　　B. 声明价格附加费　C. 地面运费　　　D. 中转手续费
7. 航空公司规定计费重量按（　　）统计。
A. 实际重量　　　B. 实际重量和体积重量两者之中较高的一种
C. 体积重量　　　D. 实际重量和体积重量两者之中较低的一种
8. 在集中托运情况下，同一总运单下会有多件货物，其中有重货也有轻泡货物，其计费重量采用（　　）计算。
A. 整批货物的总实际重量或总的体积重量，按两者中较高的一个
B. 整批货物的总实际重量
C. 整批货物的总体积重量
D. 重货按实际重量，轻泡货物按体积重量分别计算
9. 航空运费计算时，首先适用（　　）。
A. 起码运费　　　B. 指定商品运价　C. 等级货物运价　D. 普通货物运价
10. 应用最为广泛的一种运价是（　　）。
A. 指定商品运价　B. 等级货物运价　C. 普通货物运价　D. 起码运费
11. 当采用指定商品运价、等级货物运价和普通货物运价计算的运费总额均低于所规定的起码运费时，按（　　）计收。
A. 指定商品运价　B. 等级货物运价　C. 普通货物运价　D. 起码运费
12. 我国航空货物体积重量的折算标准为每（　　）立方厘米折合1千克。
A. 3000　　　　　B. 4000　　　　　C. 5000　　　　　D. 6000
13. 航空运费代号"M"表示（　　）。
A. 最低运费　　　B. 普通货物运价　C. 等级货物运价　D. 指定商品运价
14. 航空运费代号"S"表示（　　）。
A. 最低运费　　　B. 普通货物运价　C. 等级货物运价　D. 指定商品运价
15. 航空运费代号"C"表示（　　）。
A. 最低运费　　　B. 普通货物运价　C. 等级货物运价　D. 指定商品运价
16. 航空运价中"N"表示标准普通货物运价，是指（　　）千克以下的普通货物的运价。
A. 45　　　　　　B. 50　　　　　　C. 55　　　　　　D. 60
17. 航空普通货物运价率简称为（　　）。
A. GCR　　　　　B. SCR　　　　　C. CCR　　　　　D. NCR
18. 航空指定商品运价率简称为（　　）。
A. GCR　　　　　B. SCR　　　　　C. CCR　　　　　D. NCR
19. 航空等级货物运价率简称为（　　）。
A. GCR　　　　　B. SCR　　　　　C. CCR　　　　　D. NCR

二、多项选择题

1. 下列关于航空运输缺点的说法,正确的是(　　)。
   A. 载运量小,运输费用高　　　　　　B. 能耗大,技术复杂
   C. 运输成本高　　　　　　　　　　　D. 连续性好

2. 航空运输主要适合运载的货物有(　　)。
   A. 体积小价值高的货物　　　　　　　B. 价值低的货物
   C. 紧急需要的物资　　　　　　　　　D. 时间性强的鲜活易腐物质

3. 在航空货物运输当事人中主要有(　　)以及地面运输公司。
   A. 发货人　　　B. 收货人　　　C. 承运人　　　D. 代理人

4. 航空货运公司可具有(　　)身份。
   A. 托运人或收货人　B. 空运代理人　C. 空运实际承运人　D. 空运缔约承运人

5. 飞机装载受到(　　)限制。
   A. 重量　　　B. 舱门　　　C. 容积
   D. 速度　　　E. 地板承受力

6. 关于公布的直达运价,以下说法正确的是(　　)。
   A. 是一个机场至另一个机场的基本运费　B. 不含其他附加费
   C. 该运价仅适用于单一方向　　　　　　D. 包含其他附加费

7. 在两地之间没有可适应的公布的直达运价时,则要选择(　　)。
   A. 比例运价　　　B. 分段相加运价　　　C. 声明价值附加费　　　D. 协议运价

8. 下列关于航空主运单和分运单的说法正确的是(　　)
   A. 凡是由航空运输公司签发的航空运单称为主运单
   B. 集中托运人在办理集中托运业务时签发的航空运单称为航空分运单
   C. 在集中托运的情况下,除了航空运输公司签发运单外,集中托运人还要签发航空分运单
   D. 在集中托运的情况下,货主与航空运输公司没有直接的合同关系

9. 航空运价的特点包括(　　)
   A. 运价是从一机场到另一机场,而且只适应于单一方向
   B. 运价不包括其他额外费用,如提货、报关、仓储等费用
   C. 运价通常使用当地货币公布
   D. 运价是按出具运单之日所适用的运价

10. 航空运单的重要作用包括(　　)
    A. 运输合同的作用,它本身是运输合同
    B. 货物收据,作为接收货物的证明
    C. 报关单证、运费账单
    D. 承运人内部业务的依据

三、问答题

1. 航空货物运输的当事人有哪些?
2. 飞机装载受哪些因素限制?
3. 航空货运公司的主要业务、身份及类型有哪些?
4. 航空集装器主要有哪些?

5.航空货运的组织方法有哪些?
6.班机运输费用计算时要注意什么?
7.班机运输的主要单据有哪些?填制时要注意什么?
8.班机运输的具体组织流程有哪些?

展身手

2011年5月10日上海的王先生(虹口区168号)委托中国对外贸易运输总公司用中国东方航空公司的MU1201航班(5月12日),从上海虹桥机场运往东京的羽田机场景德镇瓷器1箱,重量38.2公斤,其声明价值32万元人民币。收货人是赵女士(东京路108号)。

(M:420.00 N:51.69 Q:38.71   1美元=6.425 8元人民币)

根据任务进行运输费用的计算,单据的填制,情景模拟。

读一读

国内主要机场三字代码见表5-2;国际主要机场三字代码见表5-3;国内主要航空公司代码见表5-4;国际主要航空公司代码见表5-5。

表5-2 国内主要机场三字代码

城市名称	代码	城市名称	代码	城市名称	代码
阿勒泰	AAT	哈尔滨	HRB	西安	SIA
安康	AKA	和田	HTN	汕头	SWA
阿克苏	AKU	汉中	HZG	深圳	SZX
安庆	AQC	银川	INC	思茅	SYM
包头	BAV	且末	IQM	三亚	SYX
北京	BJS	庆阳	IQN	青岛	TAO
北海	BHY	景德镇	JDZ	铜仁	TEN
保山	BSD	嘉峪关	JGN	辽通	TGO
广州	CAN	九江	JIU	济南	TNA
常德	CGD	晋江	JJN	天津	TSN
郑州	CGO	佳木斯	JMU	屯溪	TXN
长春	CGQ	库车	KCA	太原	TYN
朝阳	CHG	喀什	KHG	乌鲁木齐	URC
酒泉	CHW	南昌	KHN	榆林	UYN
赤峰	CIF	昆明	KMG	武汉	WUH
长治	CIH	吉安	KNC	兴城	XEN
重庆	CKG	赣州	KOW	襄阳	XFN
长海	CNI	库尔勒	KRL	西昌	XIC
长沙	CSX	克拉玛依	KRY	锡林浩特	XIY

续表

城市名称	代码	城市名称	代码	城市名称	代码
成都	CTU	贵阳	KWE	咸阳机场（西安）	XIY
常州	CZX	桂林	KWL	兴宁	XIN
大同	DAT	兰州	LHW	厦门	XMN
丹东	DDG	庐山	LUZ	西宁	XNN
大连	DLC	拉萨	LXA	徐州	XUZ
敦煌	DNH	林西	LXI	宜昌	YIH
大庸	DYG	连云港	LYG	伊宁	YIN
恩施	ENH	洛阳	LYA	烟台	YNT
延安	ENY	临沂	LYI	依兰	YLN
福州	FOC	兰州东	LZD	延吉	YNJ
广汉	CHN	柳州	LZH	昭通	ZAT
海口	HAK	牡丹江	MDG	中川机场（兰州）	ZGC
黑河	HEK	梅县	MXZ	湛江	ZHA
呼和浩特	HET	齐齐哈尔	NDG	珠海	ZUH
合肥	HFE	宁波	NGB	首都机场（北京）	PEK
杭州	HGH	南京	NKG	上海浦东	PVG
黄苍机场（长沙）	HHA	南宁	NNG	上海	SHA
海拉尔	HLD	南阳	NNY	沈阳	SHE
乌兰浩特	HLD	哈密	HMI	山海关	SHP
		衡阳	HNY		

表 5-3 国际主要机场三字代码

城市名称	代码	国家	城市名称	代码	国家
平壤	FNJ	朝鲜	柏林	BER	德国
首尔	ICN	韩国	慕尼黑	MUC	
釜山	PUS		维也纳	VIE	奥地利
羽田	HND	日本	苏黎世	ZRH	瑞士
大阪	OSA		日内瓦	GVA	
广岛	HIJ		明斯克	MSQ	白俄罗斯
马尼拉	MNL	菲律宾	莫斯科	MOW	俄罗斯
雅加达	JKT	印度尼西亚	罗马	ROM	意大利
河内	HAN	越南	哥本哈根	CPH	丹麦

续表

城市名称	代码	国家	城市名称	代码	国家
万象	VTE	老挝	伦敦	LON	英国
金边	PNH	柬埔寨	曼彻斯特	MAN	
曼谷	BKK	泰国	伯明翰	BHX	
内比都	NYT	缅甸	巴塞罗那	BCN	西班牙
新加坡	SIN	新加坡	马德里	MAD	
吉隆坡	KUL	马来西亚	里斯本	LIS	葡萄牙
新德里	DEL	印度	巴黎	PAR	法国
卡拉奇	KHI	巴基斯坦	里昂	LYS	
伊斯兰堡	ISB		布加勒斯特	BUH	罗马尼亚
德黑兰	THR	伊朗	基辅	IEV	乌克兰
巴格达	BGW	伊拉克	布拉格	PRG	捷克
科威特	KWI	科威特	布达佩斯	BUD	匈牙利
阿布扎比	AUH	阿联酋	华沙	WAW	波兰
多哈	DOH	卡塔尔	温哥华	YVR	加拿大
特拉维夫	TLV	以色列	悉尼	SYD	澳大利亚
耶路撒冷	JRS		奥克兰	AKL	新西兰
萨那	SAH	也门	圣保罗	SAO	巴西
乌兰巴托	ULN	蒙古	圣地亚哥	SCL	智利
夏威夷	HNL	美国	布鲁塞尔	BRU	比利时
洛杉矶	LAX		亚松森	ASU	巴拉圭
旧金山	SFO		蒙得维的亚	MVD	乌拉圭
西雅图	SEA		赫尔辛基	HEL	芬兰
芝加哥	CHI		摩纳哥	XMM	摩纳哥
波士顿	BOS		雅典	ATH	希腊

表 5-4 国内主要航空公司代码

中文名称	英文名称	两字代码	票证代码
中国国际航空股份有限公司	Air China	CA	999
中国南方航空集团有限公司	China Southern Airlines	CZ	784
中国东方航空集团有限公司	China Eastern Airlines	MU	781
厦门航空有限公司	Xiamen Airlines	MF	731
山东航空股份有限公司	Shandong Airlines	SC	324
上海航空股份有限公司	Shanghai Airlines	FM	774
深圳航空有限责任公司	Shenzhen Airlines	ZH	479

续表

中文名称	英文名称	两字代码	票证代码
四川航空股份有限公司	Sichuan Airlines	3U	876
海南航空控股股份有限公司	Hainan Airlines	HU	880

表 5-5 国际主要航空公司代码

航空公司名称	二字代码	三字代码
美国西北航空公司	NW	012
加拿大航空公司	AC	014
美国联合航空公司	UA	016
德国汉莎航空股份公司	LH	020
美国联邦航空公司	FX	023
港龙航空公司	KA	043
意大利航空公司	AZ	055
法国航空公司	AF	057
荷兰皇家航空公司	KL	074
澳洲航空公司	QF	081
瑞士航空公司	SR	085
澳洲安捷航空公司	AN	090
北欧航空公司	SK	117
英国航空公司	BA	125
日本航空公司	JL	131
卢森堡国际航空公司	CV	172
大韩航空公司	KE	180
全日空航空公司	NH	205
泰国国际航空公司	TG	217
马来西亚航空公司	MH	232
土耳其航空公司	TK	235
奥地利航空公司	OS	257
黎巴嫩跨地中海航空	TL	270
联邦快递(快件)	FX	400
俄罗斯伏尔加第聂伯航空公司	VI	412
泰国国际飞行航空公司	TG	444
俄罗斯航空公司	SU	555
新加坡航空有限公司	SQ	618

模块二 包机运输

学习目标

(1)熟悉包机运输的运行方式。
(2)熟悉包机运输的组织流程。
(3)能准确计算包机运输的费用。

工作任务

(1)分析总结包机运输的组织流程。
(2)计算包机运输的费用。

领任务

某人有货物一批,包用中国东方航空集团有限公司的波音 737-200 飞机从南京到北京,飞行距离 981 公里,飞行时间 2 小时。须从上海调机,回程包机人不使用,上海—南京 1 小时,北京—上海 2.5 小时。在执行任务期间包机方由于自身原因留机 2.8 小时。

想一想

要完成该任务可采取航空的何种运输方式?要如何计算费用?应该如何组织?

讲一讲

一、包机运输的概念

当班机运输无法满足需要或发货人有特殊需要时,可选择包机运输。包机人为一定的目的包用航空公司的飞机运载货物的形式称为包机运输。

二、包机运输的运行方式

(一)整机包机

整机包机即包租整架飞机,指航空公司或包机代理公司按照与租机人事先约定的条件及费用,将整架飞机租给包机人,从一个或几个航空港装运货物至目的地。

包机人一般要在货物装运前一个月与航空公司联系,以便航空公司安排运载和向起降机场及有关政府部门申请、办理过境或入境的有关手续。

(二)部分包机

部分包机指由几家航空货运公司或发货人联合包租一架飞机或者由航空公司把一架飞机的舱位分别卖给几家航空货运公司装载货物。相对而言,部分包机适合于运送 1 吨以上但货量不足整机的货物,在这种形式下货物运费较班机运费低,但由于需要等待其他货主备好货物,因此运送时间比班机长。

三、包机运输的优点

(1)解决班机舱位不足的矛盾。
(2)货物全部由包机运出,节省时间和多次发货的手续。
(3)弥补没有直达航班的不足,且不用中转。
(4)减少货损、货差或丢失的现象。
(5)在空运旺季缓解航班紧张状况。
(6)解决海鲜、活动物的运输问题。

四、包机运输的业务流程

(1)包机准备。
(2)货物进港生产组织与管理。
(3)货物运送。
(4)货物到港生产组织与管理。

五、包机运输费用的计算

(一)包机收费标准

各型号飞机的包机收费标准,按照客公里费率、座位数,并参考各机型的平均航速计算。

(二)包机的收费办法

1. 包机费

包机费,分别按该机型每公里费率和每飞行小时费率计算后,取其高者,并按50%收取空放费。

2. 调机费

如为完成包机任务需要从其他地方调机,那么需要收取调机费。因此,大批量货物使用包机时,均要争取来回程都有货载,这样费用比较低。只使用单程,运费比较高。

3. 留机费

如包机单位要求在执行包机期间需作停留,在1小时之内不收留机费。凡超过1小时,从第2小时起,每停留1小时(不足半小时的按0.5小时计算,超过半小时不足1小时的按1小时计算),按该机型的1小时的包机收费标准的20%作为留机费。不是包机单位的原因需停留1小时以上,不收留机费。

4. 退包费

包机和承运方事先要签订包机合同。如包机方在执行包机的72小时之前提出退包,承运方应收取包机合同规定的全部费用的10%作为退包费;在执行包机的72小时之内、24小时之前提出退包,承运方应收取包机合同规定的全部费用的20%作为退包费;在执行包机的24小时之内提出退包,承运方应收取包机规定的全部费用的50%作为退包费。

由于承运方原因(不含天气、禁航、民航保障部门),在规定的起飞时间超过2小时不能执行,在第3小时之内执行者,承运方按合同规定的全部费用90%收取;在第4~6小时执行者,承运方按合同规定的全部费用的 80% 收取;在第 6~24 小时执行者,承运方按合同规定的全部费用的 70% 收取;超过 24 小时执行,承运方按合同规定的全部费用的 50% 收取。由于承运方原因取消包机合同,承运方按合同规定全部费用的 50% 赔偿包机方。

某人有货物一批,包用冲-8 飞机从上海—深圳,飞行距离 1346 公里,飞行时间 2.5 小时。须从南京调机,回程包机人继续使用,南京—上海 1 小时。在执行任务期间包机方由于自身原因留机 3.5 小时。计算其包机总费用。

勤思考

一、单项选择题

1. 部分包机适合于运送( )以上但货量不足整机的货物。
A. 2 吨　　　　B. 1 吨　　　　C. 3 吨　　　　D. 4 吨

2. 包机运输按该机型每公里费率和每飞行小时费率计算后,取其高者,并按( )收取空放费。
A. 50%　　　　B. 70%　　　　C. 80%　　　　D. 100%

3. 包机单位要求在执行包机期间需作停留,在( )之内不收留机费。
A. 0.5 小时　　B. 1 小时　　　C. 1.5 小时　　D. 2 小时

4. 包机运输的留机费按该机型的 1 小时的包机收费标准的( )计收。不是包机单位的原因需停留的,不收留机费。
A. 10%　　　　B. 20%　　　　C. 30%　　　　D. 50%

二、问答题

1. 包机运输的运行方式有哪些?
2. 部分包机与班机运输比较有什么不同?
3. 包机运输费用计算时要注意什么?
4. 包机运输的具体组织流程有哪些?

某人有货物一批,包用冲-8 飞机从南京到厦门,飞行距离 929 公里,飞行时间 2 小时。需从上海调机,回程包机人不使用,上海—南京 1 小时,厦门—上海 1.5 小时。在执行任务期间包机方由于自身原因留机 2.6 小时。计算其包机总费用。

读一读

包机收费标准表见表 5-6。

表 5-6　包机收费标准表

机型	每公里费率/元	每飞行小时费率/元
波音 747-400 全客	202	174 528
波音 747-400CMBI	148	127 872

续表

机型	每公里费率/元	每飞行小时费率/元
波音 747-200CMBI	135	116 640
波音 747-SP	135	116 640
波音 767-300	113	93 564
波音 767-200	104	86 112
波音 757	95	66 868
波音 707	73	54 604
波音 737-300	66	44 676
波音 737-200	61	39 420
波音 737-500	63	42 048
空中客车 300	130	96 214
空中客车 310-300	96	69 350
空中客车 310-200	108	75 628
麦道-11	160	133 298
麦道-82	70	47 158
图-154	77	58 400
雅克-42	57	39 858
福克-100	54	33 480
BAE146-100	45	26 426
BAE146-300	56	38 080
冲-8	30	12 147
安-24	25	8978
运-7	25	8978
运-12	10	2146
肖特-360	19	6832
萨伯(SAAB-340)	20	9200
双水獭	10	2671

包机运输合同

包机人：_____

地址：_____ 邮码：_____ 电话：_____

法定代表人：_____ 职务：_____

承运人：_____

地址：_____ 邮码：_____ 电话：_____

法定代表人：_____ 职务：_____

1.包机人于_____年_____月_____日起包用_____型飞机_____架次担任

（旅客、货物、客货）包机运输，其航程如下：

_____年_____月_____日_____自_____至_____，停留_____日；
_____年_____月_____日_____自_____至_____，停留_____日；
_____年_____月_____日_____自_____至_____，停留_____日。

包机费总共人民币_____元。

2. 根据包机航程及经停站，可供包机人使用的最大载量为_____公斤（内含客座）。如因天气或其他特殊原因需要增加空勤人员或燃油时，载量照减。

3. 包机吨位如包机人未充分利用时，空余吨位得由民航利用；包机人不能利用空余吨位载运非本单位的客货。

4. 承运人除因气象、政府禁令等原因外，应依期飞行。

5. 包机人签订本协议书后要求取消包机，应交付退包费_____元。如在包机人退包前，承运人为执行本合同已发生调机等费用时，应由包机人负责交付此项费用。

6. 在执行本合同的飞行途中，包机人要求停留应按规定交纳留机费。

7. 其他未尽事项按承运人客货运输规则办理。

包机人：_____
代表人：_____
_____年_____月_____日

承运人：_____
代表人：_____
_____年_____月_____日

项目六

物流运输决策

WULIU YUNSHU

JUECE

目标与要求

最终目标：
能进行物流运输的合理决策。
促成目标：
(1)能进行运输方式的合理选择。
(2)能进行运输合理化的组织。

工作任务

(1)进行运输方式的合理选择。
(2)进行运输合理化的组织。

任务书

项目模块	工作任务	课时
模块一 运输方式选择	进行运输方式的合理选择	2
模块二 运输合理化	进行运输合理化的组织	2

模块一 运输方式选择

学习目标

(1)理解各种运输方式的技术经济特点。
(2)掌握运输方式选择需考虑的因素。

工作任务

进行运输方式的合理选择。

领任务

表 6-1 列出了各个托运人及其托运的具体要求。

表 6-1 托运人及其托运的具体要求

序号	托运人	货物及数量	起点—终点	要求
1	包头东升商品公司	白糖 1000 吨	南宁—呼和浩特	以最经济的办法，希望尽快送到
2	龙吉商贸公司	汽车零配件 30 箱(25 公斤/箱)	无锡—上海	以最经济的办法
3	南宁生物工程公司	变性淀粉 5 吨	南宁—广州	以最经济的办法，希望尽快送到

续表

序号	托运人	货物及数量	起点—终点	要求
4	大地盐业公司	海盐6000吨	大连—上海	以最经济的办法
5	迪瑞粮油贸易公司	大米500吨	武汉—上海	以最经济的办法
6	新疆华龙医院	急救药品2箱	北京—乌鲁木齐	以最快的方法

要完成此任务,应该选择怎样的运输方式?

一、各种运输方式的技术经济特点

运输的方式很多,根据使用的运输工具的不同,可以分成几种运输方式。对各种运输方式的技术经济特点主要可以从以下几方面来考察。

1. 运输速度

运输速度是指单位时间内的运输距离。决定各种运输方式运输速度的一个主要因素是各种运输载体能达到的最高技术速度。

2. 运输成本

物流运输成本是由多个项目构成的,而不同运输方式的构成比例又不同。

3. 运输能力

由于技术及经济的原因,各种运输方式的运载工具都有其适当的容量范围,从而决定了运输线路的运输能力。

4. 运输灵活性

灵活性是指一种运输方式在任意给定两点间的服务能力。

5. 经济里程

经济性是指单位运输距离所支付费用的多少。

运输方式的特点及适运对象见表6-2。

表6-2 运输方式的特点及适运对象

运输方式	技术经济特点	适运对象
公路	固定成本低、变动成本相对高,占用土地多,机动灵活,适应性强,短途运输速度快,空气污染严重	短途、零担运输,其他运输方式的集散运输
铁路	初始投资大,运输容量大,成本低廉,占用土地多,连续性强,可靠性好	大宗货物、散件杂货等的中长途运输
水路	运输能力大,成本低廉,速度慢,连续性差,能源消耗及土地占用少,灵活性不强	中长途大宗货物运输,国际海上货物的运输
航空	速度快,成本高,空气和噪声污染重	中长途、贵重货物、鲜活货物的运输

续表

运输方式	技术经济特点	适运对象
管道	占用土地少,运输能力强,成本低廉,能不间断连续输送,灵活性差	长期稳定液体、气体、固体浆化物的运输

二、影响运输方式选择的因素

1. 商品性能特征

这是影响企业选择运输工具的重要因素。一般来讲,粮食、煤炭等大宗货物适宜选择水路运输;水果、蔬菜、鲜花等鲜活商品,电子产品,宝石以及节令性商品等宜选择航空运输;石油、天然气、碎煤浆等适宜选择管道运输。

2. 运输速度和路程

运输速度的快慢、运输路程的远近决定了货物运送时间的长短。而在途运输货物犹如企业的库存商品,会形成资金占用。一般来讲,批量大、价值低、运距长的商品适宜选择水路或铁路运输;而批量小、价值高、运距长的商品适宜选择航空运输;批量小、距离近的适宜选择公路运输。

3. 运输的可得性

不同运输方式的运输可得性有很大的差异,公路运输最可得,其次是铁路,水路运输与航空运输只有在港口城市与航空港所在地才可得。

4. 运输的一致性

运输的一致性指在若干次装运中履行某一特定的运次所需的时间与原定时间或与前 N 次运输所需时间的一致性。它是运输可靠性的反映。近年来,托运方已把一致性看作高质量运输的最重要的特征。如果给定的一项运输服务第一次花费 2 天、第二次花费了 6 天,这种意想不到的变化就会给生产企业产生严重的物流作业问题。厂商一般首先要寻求实现运输的一致性,然后再提高交付速度。如果运输缺乏一致性,就需要安全储备存货,以防预料不到的服务故障。运输一致性还会影响买卖双方承担的存货义务和有关风险。

5. 运输的可靠性

运输的可靠性涉及运输服务的质量属性。对质量来说,关键是要精确地衡量运输可得性和一致性,这样才有可能确定总的运输服务质量是否达到所期望的服务目标。运输企业如要持续不断地满足顾客的期望,最基本的是要承诺不断的改善。运输质量来之不易:它是经仔细计划,并得到培训、全面衡量和不断改善支持的产物。在顾客期望和顾客需求方面,基本的运输服务水平应该现实一点。必须意识到顾客是不同的,所提供的服务必须与之相匹配。对没有能力始终如一地满足不现实的过高的服务目标必须取缔,因为对不现实的全方位服务轻易地做出承诺会极大地损害企业的信誉。

6. 运输费用

企业开展商品运输工作,必然要支出一定的财力、物力和人力,各种运输工具的运用都要企业支出一定的费用。因此,企业进行运输决策时,要受其经济实力以及运输费用的制约。例如企业经济实力弱,就不可能使用运费高的运输工具,如航空运输。也不能自设一套运输机构来进行商品运输工作。

7. 市场需求的缓急程度

在某些情况下,市场需求的缓急程度也决定着企业应当选择何种运输工具。如市场急需的商品须选择速度快的运输工具,如航空或汽车直达运输,以免贻误时机;反之则可选择成本较低而速度较慢的运输工具。

根据任务选择合理的运输方式及选择的理由(见表6-3)。

表 6-3　根据任务选择合理的运输方式及选择的理由

序号	货物及数量	起点—终点	运输方式的选择	选择的理由
1	白糖 1000 吨	南宁—呼和浩特		
2	汽车零配件 30 箱(25 公斤/箱)	无锡—上海		
3	变性淀粉 5 吨	南宁—广州		
4	海盐 6000 吨	大连—上海		
5	大米 500 吨	武汉—上海		
6	急救药品 2 箱	北京—乌鲁木齐		

模块二　运输合理化

(1)理解运输合理化的含义。
(2)理解运输合理化的影响因素。
(3)熟悉不合理运输的表现形式。
(4)掌握实现运输合理化的有效措施。

工作任务

进行运输合理化的组织。

领任务

南宁养殖大户李某要从南宁运 260 头生猪到深圳,他选择水路运输,走南宁—钦州港—深圳港。

小鲁在温州购买了 100 箱鞋子,准备运往南宁市销售,他租用了一辆 10 吨的载货汽车运输。

(1)他们选择的运输是否合理?为什么?

(2)应该如何组织运输使其合理化?

一、不合理运输的概念

不合理运输是指在组织货物运输过程中,违反货物流通规律,不按经济区域和货物自然流向组织货物调运,忽视运输工具的充分利用和合理分工,装载量低,流转环节多,从而浪费运力和加大运输费用的现象。

二、运输不合理的主要表现形式

1. 空驶

空车无货载行驶,可以说是不合理运输的最严重的形式。在实际运输组织中,有时候必须调运空车,在管理上不能将其看成不合理运输。但是,因调运不当,货源计划不周,不采用运输社会化而形成的空驶,是不合理运输的表现。

1)空驶的类型

(1)起程空驶。

(2)返程空驶。

(3)双程空驶。

2)造成空驶的主要原因

(1)能利用社会化的运输体系不利用,却依靠自备车送货,出现单程实车,单程空驶的不合理运输。

(2)由于工作失误或计划不周,造成货源不实,车辆空去空回,形成双程空驶。

(3)由于车辆过分专用,无法搭运回程货,只能单程实车,单程空驶周转。

2. 对流运输

对流运输亦称相向运输、交错运输,指同一种货物,或彼此间可以互相代用而又不影响管理、技术及效益的货物,在同一线路上或平行线路上做相对方向的运送,而与对方运程的全部或一部分发生重叠交错的运输称对流运输。对流运输是不合理运输的最突出形式。对流运输可分为以下两种。

(1)明显对流。

(2)隐蔽对流。

3. 迂回运输

迂回运输是舍近求远的一种运输方式。可以选取短距离进行运输而不办,却选择路程较长路线进行运输的一种不合理形式。迂回运输有一定的复杂性,不能简单处之,只有当计划不周、地理不熟、组织不当而发生的迂回,才属于不合理运输,如果最短距离有交通阻塞、道路情况不好或有对噪声、排气等特殊限制而不能使用时发生的迂回,不能称不合理运输。

4. 倒流运输

倒流运输是指货物从销地或中转地向产地或起运地回流的一种运输现象。其不合理程度要胜于对流运输,其原因在于,往返两程的运输都是不必要的,形成了双程的浪费。倒流运输也可以看成是隐蔽对流的一种特殊形式,其不合理程度要胜于对流运输。

5. 重复运输

本来可以直接将货物运到目的地,但是在未达目的地之处,或目的地之外的其他场所将货卸下,再重复装运送达目的地,这是重复运输的一种形式。另一种形式是,同品种货物在同一地点一面运进,同时又向外运出。重复运输的最大毛病是增加了非必要的中间环节,这就延缓了流通速度,增加了费用,增大了货损。

6. 过远运输

过远运输是指调运物资舍近求远,近处有资源不调而从远处调,这就造成可采取近程运输而未采取,拉长了货物运距的浪费现象。过远运输占用运力时间长、运输工具周转慢、物资,占压资金时间长,远距离自然条件相差大。又易出现货损,增加了费用支出。

7. 运力选择不当

运力选择不当是指未选择各种运输工具的优势和不正确地利用运输工具造成的不合理现象。运力选择不当常见有以下几种形式。

1)弃水走路

在同时可以利用水运及陆运时,不利用成本较低的水运或水陆联运,而选择成本较高的铁路运输或汽车运输,使水运优势不能发挥。

2)铁路、大型船舶的过近运输

不是铁路及大型船舶的经济运行里程却利用这些运力进行运输的不合理做法。主要不合理之处在于火车及大型船舶起运及到达目的地的准备、装卸时间长,且机动灵活性不足,在过近距离中利用,发挥不了运速快的优势。相反,由于装卸时间长,反而会延长运输时间。另外,和小型运输设备比较,火车及大型船舶装卸难度大、费用也较高。

3)运输工具承载能力选择不当

不根据承运货物数量及重量选择,而盲目决定运输工具,造成过分超载、损坏车辆及货物不满载、浪费运力的现象,尤其是"大马拉小车"现象发生较多,由于装货量小,单位货物运输成本必然增加。

8. 托运方式选择不当

对于货主而言,本应选择整车运输而采取零担托运,应当直达而选择了中转运输,应当中转运输而选择了直达运输等都属于这一类型的不合理。

9. 无效运输

无效运输是指被运输的货物杂质(如煤炭运输中的矿石、圆木材使用时的边角余料等)过多,使运输能力浪费于不必要物资运输的现象。既浪费运力,又加大成本。

三、运输不合理产生的原因

(1)主观上对合理运输重视不够,不了解货源分布。
(2)受自然条件和地理因素的影响。
(3)目前交通运输条件紧张。
(4)行政体制的影响。

四、合理化运输的概念

合理化运输指按照货物流通规律、交通运输条件、货物合理流向、市场供需情况,走最少的里程、经最少的环节、用最少的运力、花最少的费用、以最快的时间把货物从生产地运到消费地,即用最少的劳动消耗,运输最多的货物,取得最佳的经济效益。

五、运输合理化的意义

(1)有利于加速再生产进程,促进国民经济持续、稳定、协调地发展。
(2)能节约运输费用,降低物流成本。
(3)缩短了运输时间,加快了物流速度。
(4)可以节约运力,缓解运力紧张的状况,还能节约能源。

六、决定运输合理化的主要因素

1. 运输距离

运输时间、运输运费等若干技术经济指标都与运输距离有一定的关系,运距长短是运输是否合理的一个最基本的因素。

2. 运输环节

每增加一个运输环节,势必要增加运输的附属活动,如装卸、包装等,各项技术经济指标也会因此发生变化,因此减少运输环节有一定的促进作用。

3. 运输工具

各种运输工具都有其优势领域,对运输工具进行优化选择,最大限度地发挥运输工具的特点和作用,是运输合理化重要的一环。

4. 运输时间

运输时间的缩短对整个流通时间的缩短起决定性的作用。此外,运输时间缩短,还能加速运输工具的周转,充分发挥运力效能,提高运输线路通过能力,不同程度地改善不合理。

5. 运输费用

运费高低在很大程度上决定整个物流系统的竞争能力。实际上,运费的相对高低,无论对货主还是对物流公司都是运输合理化的一个重要的标志。运费的高低也是各种合理化措施是否行之有效的最终判断依据之一。

七、运输合理化的途径

(一)提高运输工具实载率

充分利用运输工具的额定能力,减少车船空驶和不满载行驶的时间,减少浪费,从而求得运输的合理化。实载率有两个含义:一是单车实际载重与运距之乘积和标定载重与行驶里程之乘积的比率,这在安排单车、单船运输时,是作为判断装载合理与否的重要指标;二是车船的统计指标,即一定时期内车船实际完成的货物周转量(以吨公里计)占车船载重吨位与行驶公里之乘积的百分比。在计算时车船行驶的公里数,不但包括载货行驶,也包括空驶。

(二)减少动力投入,增加运输能力

这种合理化的要点是,少投入、多产出,走高效益之路。运输的投入主要是能耗和基础设施的建设,在设施建设已定型和完成的情况下,尽量减少能源投入,是少投入的核心。做到了这一点就能大大节约运费,降低单位货物的运输成本,达到合理化运输的目的。

1.铁路运输的"满载超轴"

就是在机车能力允许情况下,采取加长列车、多挂车皮,增加运输量的办法。

2.水运拖排和拖带法

竹、木等物资的运输,利用竹、木本身浮力,不用运输工具载运,采取拖带法运输,可省去运输工具本身的动力消耗,从而求得合理化运输;将无动力驳船编成一定队形,一般是"纵列",用拖轮拖带行驶,可以比船舶载乘运输运量大,达到合理化运输的目的。

3.水运顶推法

水运顶推法是我国内河货运采取的一种有效方法。将内河驳船编成一定队形,由机动船顶推前进的航行方法。其优点是航行阻力小,顶推量大,速度较快,运输成本很低。

4.汽车挂车

汽车挂车的原理和船舶拖带、火车加挂基本相同,都是在充分利用动力能力的基础上,增加运输能力。

(三)发展社会化运输体系

运输社会化的含义是发展运输的大生产优势,实际专业分工,打破一家一户自成运输体系的状况。一家一户的运输小生产,车辆自有,自我服务,不能形成规模,且一家一户运量需求有限,难以自我调剂,因而经常容易出现空驶、运力选择不当(因为运输工具有限,选择范围太窄)、不能满载等浪费现象,且配套的接、发货设施,装卸搬运设施也很难有效地运行,所以浪费颇大。

实行运输社会化,可以统一安排运输工具,避免对流、倒流、空驶、运力不当等多种不合理形式,不但可以追求组织效益,而且可以追求规模效益,所以发展社会化的运输体系是运输合理化非常重要的措施。

(四)开展中短距离铁路公路分离,即以公代铁运输

以公代铁运输是在公路运输经济里程范围内,或者经过论证,超出通常平均经济里程范围,也尽量利用公路。这种运输合理化的表现主要有两点:一是对比较紧张的铁路运输,用公路分流后,可以得到一定程度的缓解,从而加大这一区段的运输通过能力;二是充分利用公路从门到门和在中途运输中速度快且灵活机动的优势,实现铁路运输服务难以达到的水平。我国"以公代铁"目前在杂货、日用百货运输及煤炭运输中较为普遍,一般在200公里以内,有时可达700~1000公里。山西煤炭外运经技术经济论证,用公路代替铁路运至河北、天津、北京等地是合理的。

(五)提高技术装载量

提高技术装载量是组织合理运输提高运输效率的重要内容。它一方面是最大限度地利用车船载重吨位;另一方面是充分使用车船装载容积。具体有轻重配载、解体运输、提高堆码技术等方法。

(六)合装整车运输

合装整车运输,也称"零担拼整车中转分运"。它主要适用于商业、供销等部门的件杂货运输。即物流企业在组织货运当中,由同一发货人将不同品种发往同一到站、同一收货人的零担托运货物,由物流企业自己组配在一个车辆内,以整车运输的方式,托运到目的地;或把同一方向不同到站的零担货物,集中组配在一个车辆内,运到一个适当的车站,然后再中转分运。采取合装整车的办法,可以减少一部分运输费用,并节约社会劳动力。

(七)尽量发展直达运输

直达运输,就是在组织货物运输过程中,越过商业、物资仓库环节或交通中转环节,把货物从产地或起运地直接运到销地或用户,以减少中间环节。直达的优势,尤其是在一次运输批量和用户一次需求量达到了一整车时表现最为突出。近年来,直达运输的比重逐步增加,它为减少物流中间环节创造了条件。值得一提的是,如同其他合理化运输一样,直达运输的合理性也是在一定条件下才会有所表现,如果从用户需求来看,批量大到一定程度,直达是合理的,批量较小时中转是合理的。

(八)"四就"直拨运输

"四就"直拨运输,是指各商业、物资批发企业,在组织货物调运过程中,对当地生产或由外地到达的货物,不运进批发站仓库,采取直拨的办法,把货物直接分拨给市内基层批发、零售商店或用户,减少一道中间环节。其具体做法有以下几点:①就厂直拨;②就车站(码头)直拨;③就库直拨;④就车(船)过载。

"四就"直拨和直达运输是两种不同的合理运输形式,它们既有区别又有联系。直达运输一般是指运输里程较远、批量较大、往省(区)外发运的货物;"四就"直拨运输一般是指运输里程较近、批量较小,在大中型城市批发站所在地办理的直拨运输业务。二者是相辅相成,往往又交错在一起的。如在实行直达运输的同时,再组织"就厂""就站"直拨,可以收到双重的经济效益。

(九)选择最佳的运输方式

要考虑运输成本的高低和运行速度的快慢,甚至还要考虑商品的性质,数量的大小,运距的远近,货主需要的缓急及风险程度。

(十)发展特殊运输技术和运载工具

依靠科技进步是运输合理化的重要途径。它一方面是最大限度地利用运输工具的载重吨位,另一方面是充分使用车船装载容量。其主要做法有如下几种:如专用散装及罐车,解决了粉状、液体物运输损耗大,安全性差等问题;袋鼠式车皮,大型拖挂车解决了大型设备整体运输问题;"滚装船"解决了车载货的问题;集装箱船比一般船能容纳更多的箱体,集装箱高速直达加快了运输速度等。

(十一)通过流通加工使运输合理化

有不少产品由于产品本身形态及特性问题,很难实现运输的合理化,但如果针对货物本身的特性进行适当的加工,就能够有效解决合理运输的问题。例如将造纸材在产地先加工成纸浆,然后压缩体积运输,就能解决造纸材料无效运输的问题。

做一做

根据任务写出他们选择的的运输是否合理？为什么？应该如何组织使其合理化？

勤思考

一、单项选择题

1．与运输距离有关的不合理运输是（　　）。
　A．迂回运输和过远运输　　　　　　B．重复运输和无效运输
　C．对流运输和倒流运输　　　　　　D．迂回运输和重复运输

2．与运量有关的不合理运输是（　　）。
　A．迂回运输和过远运输　　　　　　B．空驶和无效运输
　C．对流运输和倒流运输　　　　　　D．迂回运输和重复运输

3．与运输方向有关的不合理运输是（　　）。
　A．迂回运输和过远运输　　　　　　B．重复运输和无效运输
　C．对流运输和倒流运输　　　　　　D．迂回运输和重复运输

4．（　　）是被运输的货物杂质（如煤炭运输中的矿石、圆木材使用时出现的边角余料等）过多，使运输能力浪费于不必要物资运输的现象。
　A．对流运输　　　B．过远运输　　　C．重复运输　　　D．无效运输

5．（　　）不是运力选择不当的形式。
　A．弃水走陆　　　　　　　　　　　B．铁路、大型船舶的过近运输
　C．线路交叉　　　　　　　　　　　D．运输工具承载能力选择不当

6．下列（　　）不属于运输合理化的措施。
　A．配合流通加工　　　　　　　　　B．"四就"直拨运输
　C．整车拆零担运输　　　　　　　　D．发展特殊运输技术和运输工具

二、简答题

1．简述各种运输方式的技术经济特点及适运对象。
2．简述运输方式选择的影响因素。
3．简述不合理运输的主要表现形式及产生的原因。
4．简述运输合理化的途径。

展身手

1．某企业欲将产品从坐落位置 A 的工厂运往坐落位置 B 的公司自有的仓库，年运量 D 为 700 000 件，每件产品的价格 C 为 30 元，每年的存货成本 I 为产品价格的 30%，Q 为年存货量。企业希望选择使总成本最小的运输方式。据估计，运输时间每减少 1 天，平均库存水平可以减少 1%。各种运输服务的有关参数见表 6-4。

表 6-4　各种运输服务的有关参数

运输方式	运输费率 R/(元/件)	运达时间 T/天	每年运输批次	平均存货量(Q/2)/件
铁路运输	0.10	21	10	100 000

续表

运输方式	运输费率 R/(元/件)	运达时间 T/天	每年运输批次	平均存货量 $(Q/2)$/件
驮背运输（公铁联运）	0.15	14	20	50 000×0.93
卡车运输	0.20	5	20	50 000×0.84
航空运输	1.40	2	40	25 000×0.81

在途运输的年库存成本为 $ICDT/365$，两端储存点的存货成本各为 $ICQ/2$，但其中的 C 值有差别：工厂端的 C 为产品价格；购买者 B 端的 C 为产品价格与运输费率之和。

2.某制造商分别从两个供应商处购买了共 3000 个零件，每个零件单价 100 元。目前这 3000 个零件由两个供应商平均提供，如供应商缩短运输时间，则可以多得到交易份额，每缩短一天，便可以从总交易中多得 5%的份额，即 150 个零件。供应商从每个零件可赚得占零件价格(不包括运输费用)20%的利润。于是供应商 A 考虑，如将运输方式从铁路转到公路运输或航空运输是否有利可图？

铁路运输、公路运输、航空运输的运费率和运输时间见表 6-5。

表 6-5 铁路运输、公路运输、航空运输的运费率和运输时间

运输方式	运费率/(元/件)	运输时间/天
铁路运输	2.50	7
公路运输	6.00	4
航空运输	10.35	2